Studieren im Quadrat

Was bedeutet Studieren im Quadrat?

Erfolgreich studieren, das ist leichter gesagt als getan. Denn zwischen Hörsaal, Bibliothek und Prüfungen gibt es im Studi-Alltag so manche Herausforderung zu meistern. Die UVK-Reihe »Studieren im Quadrat« hilft Ihnen dabei, in allen Lebenslagen cool zu bleiben – vom Praktikum über die Studienkrise bis hin zur Gründung des ersten Start-ups. Also keine Sorge, die bunten Bücher stehen Ihnen bei Fragen rund ums Studium bei.

Bislang sind erschienen:

- Mein Praktikum: Bewerben, einsteigen, aufsteigen
- Erfolgreich gründen: Start-Up im Studium
- Vom Studenten zum Chef
- Don't Panic! Studienabbruch als Chance

Peter Piolot

Studieren im Quadrat

Don’t Panic! Studienabbruch als Chance

Durchbeißen, Fachwechsel, Umstieg in den Beruf

2., erweiterte Auflage

UVK Verlagsgesellschaft mbH · Konstanz und München

Peter Piolot arbeitet in der Zentralen Studienberatung der Universität zu Köln.

Dieses Buch erschien bisher bei utb.

Bibliografische Information der Deutschen Bibliothek
Die Deutsche Bibliothek verzeichnet diese Publikation in der Deutschen Nationalbibliografie; detaillierte bibliografische Daten sind im Internet über <http://dnb.ddb.de> abrufbar.

ISBN 978-3-86764-704-5 (Print)
ISBN 978-3-7398-0112-4 (E-PUB)
ISBN 978-3-7398-0113-1 (E-PDF)

Lektorat: Rainer Berger
Umschlaggestaltung: Susanne Engstle und Susanne Fuellhaas
Printed in Germany

UVK Verlagsgesellschaft mbH
Schützenstr. 24 · 78462 Konstanz
Tel. 07531/9053-0 · Fax 07531/9053-98
www.uvk.de

Vorwort

Das Thema Studienabbruch hat Konjunktur. Es weckt Assoziationen von Fehlplanung und Scheitern. So etwas darf in einem Bildungssystem nicht vorkommen, in dem die Illusion propagiert wird, eine Bildungsbiographie wäre planbar wie eine Bahnfahrt von Berlin nach München.[1] Bezeichnend, dass schon etwas als „Abbruch" bezeichnet wird, wenn Sie nur auf das amtliche Zertifikat, das offizielle Abschlusszeugnis, verzichten. Dass ein Studium auch Horizonterweiterung, persönliche Erfahrung, Lebensabschnitt und Quelle neuer Impulse sein kann: alles unwichtig?

Bezeichnend auch, dass eine Korrektur der eigenen Zukunftsplanung – also der Beleg für eigenständiges Denken und Handeln – mit dem hässlichen Begriff *Abbruch* belegt wird. Was wird normalerweise, abgesehen von Studiengängen, abgebrochen?

- Alte Häuser werden abgebrochen, wenn sie verfallen und unbewohnbar sind. Aber alte Häuser kann man auch sanieren, umbauen oder ausbauen.
- Urlaubsreisen bricht man ab, wenn das Hotel eine Baracke ist. Das passiert aber nur, wenn man im Reisebüro eine Pauschalreise gebucht hat, weil das so bequem ist. Bei einer echten Reise, bei der der Weg das Ziel ist, ändert man einfach die Route.
- Projekte sollte man abbrechen, die nicht so durchführbar sind, wie es ursprünglich vorgesehen war. Aber Projekte kann man auch den geänderten Umständen anpassen und mit mehr Ressourcen oder angepassten Zielen

[1] Wir nehmen hier der Einfachheit halber an, dass die Bahn kommt.

fortführen. Abbrechen sollte man Projekte nur, wenn sie von vornherein auf falschen Voraussetzungen beruhten.

Kurzum: Vieles im Leben läuft nicht wie geplant. Sie kommen nicht daran vorbei, von Zeit zu Zeit Ihre Zukunftsvorstellungen der Realität anzupassen. Dabei besteht die Kunst doch einfach darin, das *Beste aus der Situation* zu machen. Nirgends steht geschrieben, dass Sie nur als Lehrer, Naturwissenschaftler oder Jurist, und nicht als Meister, im Management oder als Selbständiger glücklich werden. Sie wissen nicht, was Ihnen die Zukunft noch bringt und wie Ihr Lebensweg weiter verläuft. Liegt da nicht die rhetorische Frage nahe „Wer weiß, wozu es noch gut ist?"

Dieser Ratgeber geht davon aus, dass Sie sich mit diesem Thema befassen, weil die Entscheidung über den Studienabbruch noch offen ist. In dieser Phase haben Sie grundsätzlich drei Lösungsmöglichkeiten.

- Weitermachen

  Sie können Ihr bisheriges Studium fortsetzen, wenn Sie bereit sind, mehr als bisher in Ihr Studium zu investieren.

- Fachwechsel

  Sie können ein anderes Studium aufnehmen, für das Sie sich besser eignen.

- Umstieg in das Berufsleben

  Sie können ein aussichtloses Studienprojekt beenden und in der Berufspraxis mehr Erfolg haben.

Dieses Buch habe ich vor dem Hintergrund von vielen Jahren Berufserfahrung als Studienberater geschrieben. Das erleichtert und erschwert die Sache. Es ist schwerer, weil jeder Einzelfall anders ist und die gemeinsamen Konturen des Bildes mit Mühe herausgearbeitet werden müssen. Es ist leichter, weil ich für jeden Problemaspekt den ein oder anderen Fall vor Augen habe und mich fragen kann: Was wäre hier das Beste gewesen?

Inhalt

1 Studienkrisen und der Sinn dieses Ratgebers

1.1 Schreckgespenst Studienabbruch

Es geht in diesem Ratgeber um Ihr Studium. Genauer gesagt geht es darum, was Sie tun können, wenn Ihr Studium nicht so läuft, wie Sie es sich vorher vorgestellt haben. Sie haben Ihr Studium angefangen in der Annahme, es auch erfolgreich zu Ende zu bringen. Aber so ganz sicher sein können Sie sich da nicht, denn Ihr Studium ist auch eine Herausforderung an Ihre Fähigkeiten und Ihr Durchhaltevermögen. Hindernisse können sich in den Weg stellen: nicht bestandene Klausuren, Leistungsrückstand, Interesselosigkeit, Motivationsverlust; es gäbe da noch einiges mehr.

Zwar beginnt niemand ein Studium, um es nicht zu schaffen. Aber Prüfungen gehören zu jedem Studium. Und im Bachelor-/Masterstudiensystem haben Sie viele Prüfungen, und zwar von Anfang an und in jedem Semester. In Prüfungen können Sie durchfallen. Das liegt in der Natur der Sache. Wenn Ihnen das mehrmals passiert, ist das Problem in der Welt.

Die tatsächlichen Studienleistungen sind dabei nur die eine Seite. Angst vor den Folgen der Probleme ist die andere. Es beginnt mit einer schlechten Note. Dann kommt eine nicht bestandene Prüfung hinzu (oder umgekehrt, das ist aber auch nicht besser). Irgendwann ist es für Sie keine Selbstverständlichkeit mehr, dass Sie Ihr Studium auch erfolgreich abschließen. Der Gedanke wächst in Ihnen, dass Sie im Studium scheitern könnten. Das positive Selbstbild, mit dem Sie Ihr Studium begonnen haben, löst sich langsam auf. Es beginnt mit diffusen, unspezifischen Befürchtungen, dann folgt leichte Besorgtheit und schließlich handfeste Angst vor der nächsten und möglicherweise letzten Prüfung. Diese Sorgen und

Ängste haben die unangenehme Eigenschaft, die tatsächlichen Probleme zu verzerren und zu vergrößern. Das subjektive Erleben spielt Ihnen einen Streich. Wie auf der Leinwand beim Public Viewing erscheint eine Mücke auf einmal so groß wie ein Elefant, und aus einer nicht bestandenen Klausur wird ein drohender Weltuntergang.

Es sind nicht immer Misserfolge, die ein Studium in eine Sackgasse führen. Ein weiteres Szenario ist ebenfalls recht verbreitet: Sie schaffen durchaus die Prüfungen. Aber bei jeder neuen Klausur brauchen Sie mehr Überwindung, um zu lernen. Das Interesse beim Lernen fehlt. Sie haben keine Lust! Der Glaube, mit dem Studium etwas Sinnvolles zu tun, ist weg. Sie müssen sich mit Selbstdisziplin zum Lernen zwingen. Der Effekt ist der gleiche. Sie fragen sich, ob Ihre Motivation ausreicht, um das Studium durchzuhalten. Für die Ursachenforschung ist es zwar wichtig, ob es am **Nicht-Können** oder **Nicht-Wollen** liegt, und deshalb wird die Frage noch eine Rolle spielen (→ Kapitel 2). Im Hinblick auf das Auslösen von Sorgen, Grübeln und Ängsten läuft es aber auf das Gleiche hinaus.

Wenn dann die nächsten Prüfungen anstehen, machen sich die üblichen Symptome bemerkbar: Unruhe, Schlaflosigkeit, Anspannung, Konzentrationsstörungen, Kopfschmerzen, Magenschmerzen – alles Anzeichnen von Stress. Die sachliche Kalkulation der Chancen wird immer öfter überlagert von Grübeln und negativen Gedanken. Werde ich die nächste Prüfung bestehen? Bin ich ein guter Student? Bin ich tatsächlich schon mit meinen Studienleistungen im Rückstand? Sind die anderen erfolgreicher und mit mehr Motivation bei der Sache? Alle Gedanken kreisen früher oder später nur noch um ein drohendes Scheitern. Vielleicht sind Sie schon auf dem besten Weg in eine Angstspirale:

- kein Studienerfolg – negative Gefühle (Sorgen, Ängste);
- negative Gefühle – kein Studienerfolg.

Diese Spirale kann sich im schlimmsten Fall drehen, bis nichts mehr geht und Sie irgendwann wegen zu vieler Fehlversuche den Prüfungsanspruch verlieren.

Egal ob über- oder unterfordert, mangelnde Motivation oder fehlende Perspektive, das Beängstigende ist immer, dass es nicht nur um ein paar Jahre Studium, sondern um die Lebensplanung geht. Mit den Folgen der Studienwahl hat man normalerweise ca. 35 bis 40 Jahre zu tun. So werden aus kleinen Sorgen schnell große. Aus dem Nachdenken über ein Klausurergebnis und seine Folgen wird nutzloses Grübeln über eine ruinierte Zukunft. Und schon kommt das Schreckgespenst zum Vorschein – die Angst vor dem Studienabbruch. Das Unklügste in einer solchen Situation ist es, zu ignorieren, zu verdrängen oder schönzureden. Das Klügste ist es, aktiv zu werden, eine Bilanz zu ziehen und eine Entscheidung zu treffen, wie es weitergehen soll.

1.2 Was sagt die Forschung?

Eine Statistik sagt bekanntlich nichts über einen Einzelfall. Deshalb spielt es eigentlich für die Lösung Ihres persönlichen Problems keine große Rolle, wie viele Studierende sonst noch ein ähnliches oder ein anderes Problem haben. Aber aus der Forschung zum Thema Studienabbruch lassen sich tröstliche Erkenntnisse gewinnen, die Sie vielleicht interessieren werden.

- Studienabbruch gilt, so die allgemeine Meinung, unweigerlich als Versagen. Durchaus zu Unrecht: Endgültig nicht bestandene Prüfungen sind keineswegs ein so häufiges Problem. Nur 11 Prozent der Studienabbrecher geben dies als Hauptgrund für ihre Entscheidung an.[2]

---

[2] HIS 2/2010, S. 36

- Die Forschung bestätigt auch, dass nicht jede empfundene Belastung gleich zum Abbruch des Studiums führt. Zwar gaben fast 60 Prozent der Bachelorstudierenden in einer Befragung an, in der letzten Zeit das Gefühl gehabt zu haben, gestresst und nervös zu sein. Ein gleich großer Teil war aber auch davon überzeugt, diese Probleme lösen zu können.[3]
- Studienabbruch kommt in fachlich anspruchsvollen („schweren“) Studiengängen wie Mathematik oder Ingenieurwissenshaften häufig vor. Hier brechen rund 50 Prozent der Studierenden ihr Studium ab.[4] So weit, so gut. Dieser Befund ist nicht überraschend. Je schwerer ein Studium ist, desto häufiger wird es nicht erfolgreich beendet – sollte man meinen. Stimmt aber auch nicht. In dem „schweren“ oder zumindest objektiv sehr arbeitsaufwendigen Medizinstudium gibt es nur relativ wenige Studienabbrecher (9 Prozent).[5] Und in den vergleichsweise „leichten“ Sprach- und Kulturwissenschaften gibt es durchaus hohe bis sehr hohe Abbrecherzahlen.[6] Offensichtlich spielen auch Faktoren wie Strukturiertheitsgrad des Studiums und Berufsbezug eine Rolle. Ein Medizinstudent hat den Arztberuf vor Augen und jede bestandene Klausur bringt ihn diesem Ziel ein Stück näher. Es macht sich bezahlt, schon frühzeitig eine Berufsperspektive vor Augen zu haben.
- Häufig erfolgt die Entscheidung für einen Studienabbruch sehr spät, um nicht zu sagen: viel zu spät. Jurastudierende brechen im Durchschnitt erst nach 8,4 Semestern ab! Selbst in den Bachelorstudiengängen, wo durch das Credit-Point-System jeder Studierende vom ersten Semester an ein klares

---

[3] HIS 2/2010, S. 1

[4] HIS 2/2010, S. 17f.

[5] HIS 2/2010, S. 30

[6] HIS 2/2010, S. 19

> Feedback über seinen Studienerfolg erhält, vergeht im Durchschnitt fast ein halbes Studium (2,9 Semester) bis zum Studienabbruch.[7]

So viel Zeit ist nicht wirklich notwendig, um herauszufinden, ob man sich für den eigenen Studiengang eignet. Die Angst, im Studium zu versagen, verzerrt die Wahrnehmung und führt zu Unsicherheit bei der Einschätzung der eigenen Situation. Und da es irgendwie unangenehm und mit Aufwand verbunden ist, seine ganze Zukunftsplanung auf den Prüfstand zu stellen, wird das Problem auch gerne verdrängt und die Entscheidung aufgeschoben. Das ist schlecht, denn nicht eine Umorientierung, sondern eine unnötig späte Umorientierung ist ein Problem.

Die Forschung zeigt auch, dass es keine Schande ist, seinen Studienweg zu ändern und ein anderes Studium oder den Ausstieg zu wählen. Nur wenige Studierende müssen aufhören, weil sie die Prüfungen nicht schaffen. Ein Studienabbrecher oder Fachwechsler ist nicht automatisch zu **doof** für sein Studium. Schlechte Prüfungsleistungen können beispielsweise auch auf mangelnder Motivation und Identifikation mit dem Studienfach oder auf dessen unklarer beruflichen Perspektive beruhen. Auch im Lebenslauf ist ein Fachwechsel kein Problem, wenn er nicht zu einem Zeitpunkt erfolgt, an dem andere mit dem Studium fast fertig sind.

1.3 Die Arbeit mit diesem Ratgeber

Bei Problemen mit dem Studium müssen Sie nicht nur etwas unternehmen, sondern Sie müssen das Richtige tun. In dieser Situation das Falsche zu tun, vergrößert Ihr Problem. Es hält Sie davon ab, das Richtige zu tun, denn Sie ergreifen

---

[7] HIS 2/2010, S. 47f.

zu spät geeignete Maßnahmen. Ein unnötiger Zeitverlust ist genauso schädlich wie eine Therapie gegen Lungenentzündung, die zu spät kommt. Aber nicht jeden Patienten mit Schnupfen muss man gleich auf die Intensivstation schicken.

Wahrscheinlich haben Sie sich schon bei den ersten negativen Anzeichen gefragt: „Ist das noch der normale Stress, den jeder im Studium hat?" Bereits dieser Zeitpunkt wäre nicht zu früh, um die Studienwahl auf den Prüfstand zu stellen, noch bevor Stress und Ängste das konzentrierte Arbeiten und rationale Abwägen beeinträchtigen. Wie kann dieses Buch Ihnen dabei nützen? Ziehen wir einen Vergleich. Sie sind auf einer Reise und haben sich verfahren. Dieser Ratgeber hilft Ihnen herauszufinden, wo Sie sich befinden, welche möglichen Routen vor Ihnen liegen und welche Straßenverhältnisse – Autobahn, Landstraße oder Schotterpiste – dabei auf Sie zukommen.

> Es ist das Ziel dieses Ratgebers, Sie bei der Bewältigung der Studienprobleme zu unterstützen und Ihnen Wege durch die Studienkrise zu zeigen.

Schwächephasen gibt es – mal mehr, mal weniger – in jedem Studium. Nicht jede Lustlosigkeit ist schon ein Zeichen für eine falsche Studienwahl. Nicht jedes Problem mit dem Berg an Lernstoff ist schon ein hinreichender Grund, das Studium hinzuschmeißen oder das Fach zu wechseln. Nicht jede schlaflose Nacht ist schon ein Zeichen dafür, dass man falsch ist an der Hochschule. Die Bewältigung der ganz normalen Stresssymptome gehört zu jedem Studium dazu (egal, ob es ein vermeintlich leichtes oder schweres ist). Genau hier liegt das Problem. Leichte Zweifel am eigenen Studienweg können wieder verschwinden oder sich zu einer ernsten Sinnkrise auswachsen. Wann sind Lernprobleme, Motivationsprobleme oder Ängste noch normal und wann sind sie Zeichen einer gravierenden Leistungskrise? Reicht es aus, wenn Sie etwas mehr Selbstdisziplin aufbringen oder einen Kurs in Entspannungstechniken absolvieren?[8] Oder zeichnet sich ab, dass Sie mit dem aktuellen Studiengang nie und nimmer zurechtkommen werden und sich schon in einer Sackgasse befinden?

Bei der Suche nach Antworten auf diese Fragen wird Ihnen dieser Ratgeber nützlich sein. Er führt Sie durch den produktiven Umgang mit der Krise. Er hilft Ihnen, die drei entscheidenden Fragenkomplexe zu beantworten.

Drei entscheidende Fragen

- Bin ich im richtigen Studiengang? Wenn ja, was muss ich besser machen?
- Wenn ich nicht im richtigen Studiengang bin, gibt es dann für mich einen geeigneteren und wie finde ich ihn?
- Wenn sich ein Studium für mich nicht lohnt, wie organisiere ich den Ausstieg?

Es gibt also grundsätzlich **drei** mögliche Lösungen. Ein Studienabbruch, also der Ausstieg aus der Hochschule, ist nicht die einzige Option. Je nachdem, wie gravierend die Stresssymptome und die Leistungsprobleme sind, und je nachdem, welche Ursachen sie haben, kann auch die Fortsetzung des bisherigen Studiengangs oder ein Fachwechsel die sinnvollste Lösung sein. In jedem Fall werden Sie etwas unternehmen müssen und vieles bedenken und erledigen müssen. Auch wenn Sie bei Ihrem bisherigen Studiengang bleiben, kann es nicht so wei-

---

[8] Beides zusammen brauchen Sie kaum zu versuchen. Der Versuch, sich mit Selbstdisziplin zum Lernen zu zwingen, ist die Ursache Ihrer Anspannung.

tergehen wie bisher! Der Ratgeber stellt dar, wie Sie Ihre Studienprobleme realistisch einschätzen können und welche Lösungsstrategien sich jeweils anbieten.

- Er enthält eine Anleitung für Ihre Selbsteinschätzung, mit dem Sie das Ausmaß des Problems erfassen können. (→ Kapitel 2)
- Er bietet eine Anleitung für das methodische Vorgehen bei der Entscheidungsfindung, damit Sie eine für Sie gute Wahl treffen. (→ Kapitel 3)
- Er hilft Ihnen, die drei möglichen Lösungen hinsichtlich ihrer Vor- und Nachteile in Ihrer Situation zu analysieren. Dazu gehört auch einzuschätzen, welche Voraussetzungen nötig sind, was jeweils zur Realisierung der Lösung konkret getan werden muss und welche Denkfallen Sie besser vermeiden sollten. (→ Kapitel 4, 5 und 6)

Dieses Buch ist kein Trainingsprogramm, wie es sie für Zeitmanagement oder Lerntechniken gibt. Das Problem, um das es hier geht – die Bewältigung einer Studienkrise – ist komplexer. Sie sind selbst ein Teil der Lösung. Es gibt nicht **die** Lösung, die für alle Studierenden in einer schwierigen Phase richtig wäre. Der Ratgeber enthält viele Tipps und Hinweise, aber er ist **keine Bedienungsanleitung**. Er kann nur Hilfe zur Selbsthilfe sein. Er soll Ihnen die Einschätzung der drei Lösungsoptionen ermöglichen. Dieser Ratgeber kann Ihnen zeigen, was zu tun ist, wie es zu tun ist und was dabei zu bedenken ist.

Es gibt in Ihrer Situation Entscheidungsspielräume und Chancen, die Sie nutzen können und sollten. Und wie immer, wenn man im Leben Entscheidungsfreiheit hat, kann man gut oder schlecht wählen. Dieser Ratgeber möchte Sie so durch den Entscheidungsprozess begleiten, dass Sie am Ende für sich selbst eine gute

Entscheidung treffen können. Die passende Charakterisierung dieses Ratgebers wäre daher nicht ein Vergleich mit einer Bedienungsanleitung, sondern eher mit einem **Reiseführer**. Der kann Ihnen die Routen beschreiben, aber reisen müssen Sie schon selbst, wenn Sie ein anderes Land kennenlernen möchten.

Eine Krise setzt Energie frei, die uns bewegt, etwas zu tun. Sie sind dabei, etwas zu tun, sonst hätten Sie nicht diesen Ratgeber in der Hand. Aber der Drang, etwas zu tun, muss auch in die richtige Richtung gelenkt werden, was Ziel dieses Ratgebers ist. Den folgenden Erläuterungen, Hinweisen und Tipps liegt eine Philosophie zugrunde, die im Kern beschreibt, wie Sie mit Ihrer Krise umgehen sollten.

Tipp

- Tun Sie etwas, anstatt nur zu grübeln. Egal, ob es sich um ein große oder kleine Krise handelt: Das Problem löst sich nicht von selbst. Durch Passivität wird aus dem kleinen (vorübergehende Schwächephase) ein großes Problem (Misserfolg, Abbruch).
- Der Einzige, der Abhilfe schaffen kann, sind Sie selbst. Nur Sie wissen, was gut für Sie ist. Warten Sie nicht darauf, dass Ihnen in der Hochschule jemand sagt, was Sie tun sollen. Darauf können Sie erfahrungsgemäß lange warten.
- Tun Sie das, was Sie am besten können, völlig egal, ob innerhalb oder außerhalb der Hochschule. Es ist besser, im Berufsleben (ohne Hochschulabschluss) erfolgreich zu sein, als ein mittelmäßiger Absolvent (mit akademischen Würden).

- Prüfen Sie ergebnisoffen die Optionen. Sie sind gleichberechtigte Wege in die Zukunft. Das Beste aus der Situation zu machen, bedeutet nicht automatisch, die Hochschule zu verlassen. Das Beste kann auch Weitermachen oder ein Fachwechsel sein.

1.4 Krisen können nützlich sein

Wenn hier oft von Problemen oder einer Krise die Rede ist, dann ist damit nicht gleich der persönliche Weltuntergang gemeint. Wie schlimm die Situation schon ist, ist zunächst einmal mit der Bezeichnung Krise noch völlig offen. Mit Krise ist hier ganz generell nur eine schwierige Situation gemeint; eine Situation, in der Sie sich sagen:

„So geht es nicht weiter!"

Möglich, dass Sie nur ein kleines Problem haben. Sie denken über die Wahl Ihres momentanen Studiums nach und Sie sind sich nicht mehr sicher, ob diese Wahl eine gute Idee war. Das könnte man eine kleine Krise nennen. Vielleicht ist Ihr Problem auch größer und Sie haben das Gefühl, den Abschluss nicht zu schaffen. Das könnte man eine ernste Krise nennen.

Der Punkt ist: Bereits mit den ersten Zweifeln an der eigenen Studienwahl ist eine Art **Krisenfall** eingetreten. Natürlich steht es Ihnen frei, dieses Buch zuzuklappen und weiterzumachen wie bisher. Aber Ihre Zweifel werden Sie so nicht los. Schon morgen können sie wieder da sein. Die Zweifel werden Sie nur los, indem Sie Ihr Studium auf den Prüfstand stellen und die Konsequenzen der drei möglichen Lösungen für sich durchspielen.

Laut Duden ist eine Krise eine schwierige Situation; eine Zeit, die den Höhe- und Wendepunkt einer gefährlichen Entwicklung darstellt.[9] Das trifft genau den Punkt, um den es hier geht. Ihre Situation ist schwierig. Schwierigkeiten kann man beheben oder nicht. Wenn Sie der Entwicklung freien Lauf lassen, könnte es sein, dass Sie den Wendepunkt verpassen und dann würde es gefährlich für Ihr Studium oder Ihren weiteren Ausbildungsweg werden.

Normalerweise, das heißt, wenn ein Projekt so läuft wie geplant, brauchen wir uns mit dem Gedanken an ein Scheitern nicht zu belasten. Sie fragen sich nicht jeden Morgen „Werde ich heute mein Studium abbrechen?" – Krisen haben eine Entwicklung. Sie fangen meistens harmlos an und können sich schrittweise verschlimmern.

[1] **Motivationstief**. Das kann viele Ursachen haben. Es kann auch am schlechten Wetter oder gelangweilten Dozenten liegen. Es muss also nicht unbedingt der gewählte Studiengang schuld sein und das Tief kann, muss aber nicht vorrübergehend sein.

[2] **Zweifel** an der richtigen Entscheidung oder Zweifel an der subjektiven Sinnhaftigkeit des gewählten Studiums. Ein Fachwechsel wird in Erwägung gezogen.

[3] **Prüfungsversagen**, Misserfolg und psychischer bzw. physischer Stress. Das Studium geht langsamer voran als der Studienplan es vorsieht. Fachwechsel oder Abbruch erscheinen spätestens jetzt als eine realistische Option.

---

[9] frei nach www.duden.de, Stand 01.05.2016

[4] **Krankmachender Stress**. Wenn er durch das Studium verursacht ist, kommt oft nur noch ein Ausstieg aus der Hochschule infrage.

Es macht Sinn, sich frühzeitig mit seinen Studienproblemen zu beschäftigen, bevor aus dem Motivationstief gesundheitsschädlicher Stress wird. Je früher Sie sich Klarheit verschaffen (Stadium [1] oder [2]), ob Sie im **richtigen** Studiengang sind oder nicht, desto weniger Energie stecken Sie in einen Irrweg und desto früher korrigieren Sie Ihren Weg. Die subjektiv gefühlte Krise hat also eine produktive Funktion. Sie zwingt Sie, darüber nachzudenken, ob Sie den für Sie besten Weg eingeschlagen haben. Und diese Krise zwingt Sie, darüber zu entscheiden, wie es weitergehen soll.

2 Schätzen Sie das Problem richtig ein

Die Entscheidung über den richtigen Weg aus der Studienkrise kann nur so gut sein wie die Einschätzung des Problems. Kein Arzt verschreibt eine Medizin ohne zu wissen, wo es dem Patienten wehtut und woran er (vermutlich) leidet. Auch die Überwindung einer Krise im Studium beginnt zwangsläufig mit einer Bestandsaufnahme. Die ist aber nicht leicht. Ein Studium ist im Gegensatz zur Schule durch eine geringe Kontrolldichte geprägt. Gerade in der Anfangsphase wissen Sie als Studierender daher häufig gar nicht genau, wo Sie eigentlich stehen.

Das gefühlte Problem (der empfundene Stress) und der tatsächliche Misserfolg sind noch lange nicht das Gleiche. Der eine ist empfindlich und hat schlaflose Nächte, weil eine Klausurnote nur 4 war. Andere haben ein dickes Fell und lassen sich durch ein paar Fehlversuche nicht aus der Ruhe bringen. Es ist also auch aus subjektiven Gründen keineswegs einfach, das Ausmaß des Problems und seine Ursachen einzuschätzen. Handelt es sich nur um ein harmloses und vorübergehendes Formtief oder ist die **Katastrophe** vielleicht schon größer als angenommen? Analysieren Sie in diesem Kapitel Ihre Situation hinsichtlich der folgenden drei Punkte, die für eine realistische Einschätzung Ihrer Situation wichtig sind:

- Ihre Stressbilanz
- Ihre Leistungsbilanz
- die möglichen Ursachen des Problems

2.1 Ihre Stressbilanz

Stress

Ein begrenztes Maß an Leistungsdruck ist im Studium normal, in manchen Fachbereichen mehr, in anderen weniger. Kein Studierender besteht jede Prüfung, auch das ist normal. Eine völlig stressfreie Studien- und Arbeitswelt wäre recht langweilig, denn Stress ist nicht unbedingt problematisch. Stress ist zunächst eine geradezu alltägliche Angelegenheit. Der Begriff meint lediglich, dass jemand sich in einer Situation befindet, die ihn vor ungewöhnliche Herausforderungen stellt.

> Wir nehmen etwas Beunruhigendes wahr, das wir nicht erwartet haben. Wir sind in einer Situation, die etwas Bedrohliches an sich hat. Angst macht sich in unserem Körper breit, ohne dass wir uns dagegen wehren können. Wir suchen in allen Winkeln unseres Gehirns nach Verhaltensmustern, um die bedrohliche Situation zu bewältigen und das Problem zu lösen. Finden wir eine Bewältigungsstrategie, macht sich Erleichterung breit und der Stress lässt nach. Das Interessante daran ist, dass das erfolgreiche Verhalten verstärkt wird. Neurologen können nachweisen, wie sich die Verschaltungen im Gehirn so verändern, dass das erfolgreiche Verhalten verstärkt wird und bei der nächsten bedrohlichen Situation schneller und reibungsloser abläuft. Es handelte sich um eine normale kontrollierbare Stressreaktion. Völlig anders sieht es aus, wenn wir die Situation nicht bewältigen können und keine Verhaltensmuster finden, mit denen wir uns das Bedrohliche vom Hals schaffen können. Wir fühlen uns in einer ausweglosen Situation. Die Angst lässt nicht nach. Wir erleben eine typische Reaktion von unkontrollierbarem Stress. Ge-

schieht das wiederholt, beispielsweise weil Prüfungssituationen uns immer wieder überfordern, hat dieser unkontrollierbare Dauerstress negative physiologische und psychische Folgen.[10]

Während die erfolgreiche Bewältigung einer kontrollierbaren Stresssituation uns stärker macht, macht uns unkontrollierbarer Dauerstress immer schwächer. Die Schlussfolgerung: Ein Studium ohne Stress ist keine gute Wahl. Ein Studium ganz ohne Stress wäre zu leicht. Es würde keine Herausforderungen bereithalten, in denen neuen Verhaltensmuster erlernt oder bestehende weiterentwickelt werden. Kontrollierbare Stresssituationen im Studium sind also völlig o.k. und Belastungen gehören zu einem Studium. Bei angemessenem Schwierigkeitsgrad wird das Arbeits- und Lernverhalten, das Sie schon in der Schule erlernt haben, in anspruchsvolleren Situationen auf ein effizienteres Level gebracht und der Belastung angepasst. Eine Klausur oder ein Referat lösen **Lampenfieber** aus, aber sie werden nicht als ausweglose Situation erlebt. Das ändert sich, wenn ein Studium nicht bewältigt wird. Unkontrollierbare Stresssituationen kündigen sich an. Die Lernfähigkeiten (die Verhaltensmuster) reichen nicht aus, um die Prüfungssituationen zu bewältigen. Wenn Sie in Prüfungen immer wieder scheitern, können Sie Ihre Fähigkeiten nicht anpassen und laufen immer wieder mit dem Kopf gegen eine Wand. Prüfungen (und irgendwann schon der bloße Aufenthalt in der Hochschule) werden als angstauslösende Bedrohung erlebt.

Symptome von Studienstress

Wenn auf die Anstrengung zur Bewältigung einer Aufgabe ein Versagen folgt, fehlt es bei neuen Aufgaben an erfolgreichen Verhaltensmustern und in der

---

[10] Hüther, Gerald 2013

Folge an Selbstvertrauen und Motivation. Die Misserfolge häufen sich und der vergebliche Versuch, dies durch mehr Anstrengung auszugleichen, macht auf Dauer krank. Früher oder später machen sich die Anzeichen von physischem und psychischem Stress bemerkbar.

Die Symptome von Stress haben die heimtückische Eigenschaft, dass im Anfangsstadium nicht klar ist, ob es überhaupt am Studium liegt. Schlecht geschlafen? Kann auch an der Matratze liegen. Kopfschmerzen, Grübeln, Anspannung? Auch dafür gibt es hundertundeins mögliche Gründe. Es muss also nicht unbedingt, kann aber am Studium liegen. Bestimmte Stresssymptome sprechen dafür, dass die Beschwerden tatsächlich durch das Studium verursacht sind.

Diese Symptome für studienbedingten Stress sind für Sie möglicherweise nicht neu. Im Folgenden finden Sie eine Checkliste, mit der Sie sich das Ausmaß des subjektiv empfundenen Stresses vor Augen führen sollen. Einiges in der Liste ist trivial, an anderes haben Sie vielleicht noch nicht gedacht. Wichtig für Ihre Bilanz ist, dass Sie **alle** potenziellen Symptome einbeziehen, auch solche, die Sie bisher vielleicht noch nicht im Blick hatten. Natürlich ist nicht ein einzelnes Anzeichen der *Beweis*, dass Sie ein Problem haben. Aber die Summe macht's: Je mehr Kreuze Sie machen (müssen), desto höher ist Ihr studienbedingtes Stresslevel.

Selbsttest

Psychische Symptome

- ☐ Schon Tage vor der Klausur kann ich kaum noch schlafen.
- ☐ Als ich zum ersten Mal durch eine Prüfung fiel, war ich ziemlich verzweifelt.

- ☐ Ich habe mich schon gefragt, wer mir eigentlich helfen könnte, meine Prüfungsangst loszuwerden.
- ☐ In der letzten Zeit geht aber auch alles schief.
- ☐ Es fällt mir schwer abzuschalten.
- ☐ Wenn ich an die Klausuren denke, bekomme ich oft richtige Panikattacken.
- ☐ Manchmal kann ich mich zu nichts aufraffen, dann fühle ich mich völlig antriebslos.
- ☐ In den Vorlesungen kann ich nicht die ganze Zeit konzentriert zuhören.
- ☐ Oft werde ich nachts wach und kann die Gedanken an das Studium nicht loswerden.
- ☐ Die Dozenten wollen uns nur rausprüfen.
- ☐ Ich grüble immer wieder über die gleichen Studienprobleme.
- ☐ Ich lerne, aber nichts bleibt hängen.
- ☐ Die Zeit zum Lernen für Klausuren/Prüfungen reicht nie aus.
- ☐ Ich kann mich nie so richtig entscheiden, in welchem Semester ich welches Modul machen will.
- ☐ Ich lasse mich dauernd durch Fernsehen (Internet, Facebook, E-Mails etc.) vom Arbeiten abhalten.
- ☐ Ich vernachlässige immer mehr die Kontakte zu meinen Kommilitonen.

- ☐ Mir macht Sorgen, was meine Eltern sagen werden, falls ich das Studium abbrechen muss.

Physische Symptome

- ☐ Ich schlafe richtig schlecht, seitdem ich das Studium begonnen habe.
- ☐ Morgens fühle ich mich nicht ausgeruht.
- ☐ Ich fühle mich angespannt, ich möchte mich mal richtig entspannen können.
- ☐ Ich leide unter Magen-Darm-Problemen.
- ☐ Im Laufe des Studiums habe ich angefangen, furchtbar viel zu essen/ immer weniger zu essen.
- ☐ Nach Seminarsitzungen habe ich üble Kopfschmerzen.
- ☐ Wenn ich vor dem Einschlafen an die Klausur denke, bekomme ich Herzklopfen.
- ☐ Ohne ein paar Flaschen Bier kann ich abends nicht abschalten.
- ☐ Ohne Zigaretten kann ich nicht lernen.
- ☐ Meine Allergie (Migräne, Magenschmerzen ...) ist seit dem Studium schlimmer geworden.
- ☐ Zu Sport kann ich mich nicht aufraffen.
- ☐ Ich bekomme schon feuchte Hände (fange an zu schwitzen), wenn ich nur an die Prüfung denke.

Wenn Sie im ersten Teil **Psychische Symptome** mehr als vier Kreuze und im zweiten Teil **Physische Symptome** mehr als drei Kreuze gemacht haben, besteht Grund zur Sorge. Je länger Sie unter solchen Vorzeichen weiterstudieren, desto schwieriger wird die Lösung. Betrachten Sie die Stresssymptome als **Warnsignale**, die Sie darauf hinweisen, dass etwas in Ihrem Studium schiefläuft. Das bedeutet nicht, bei den ersten Anzeichen von Stress das Studium abzubrechen. Aber es bedeutet, dass es Zeit ist, sich mit einigen kritischen Fragen auseinanderzusetzen: War vielleicht die Studienwahl falsch? Ist der aktuelle Studiengang doch noch zu retten? Bin ich an der falschen Hochschule?

Gerade in der Anfangsphase des Studiums kann beispielsweise durch besseres Zeitmanagement, Verbesserung der Lerntechnik, Erschließen von Betreuungsleistungen der Fachbereiche oder durch eine Änderung der Studienrichtung der Stress wieder auf ein erträgliches Maß reduziert werden. Aber den Kampf gegen die Symptome allein können Sie auf Dauer nicht gewinnen, wenn Sie nicht die Ursachen beseitigen.

Prüfungsangst

Prüfungen sind unangenehm. Man muss auf den Punkt zeigen, was man kann. Wenn man durchfällt, ist das nicht nur peinlich, sondern bremst auch das weitere Vorankommen im Studium. Es ist insoweit völlig normal, dass jeder mit mehr oder weniger Anspannung und Aufregung auf Prüfungen zugeht. Die wesentliche Frage ist nur: Wie viel von dieser Angst ist noch normal und wann handelt es sich um behandlungsbedürftige Prüfungsangst?

Angst kann Sie lähmen, sie kann Sie auch antreiben. Ob das eine oder das andere eintritt, hängt von der Stärke der Angst ab. Ein wenig Angst kann konstruktiv sein. Sie treibt Sie an und mobilisiert Ihre Kräfte. Mit etwas Angst vor der Klausur schaffen Sie es, sich zu überwinden und sich an den Schreibtisch oder in die Bibliothek zu setzen und zu lernen. Ein wenig Lampenfieber vor dem Referat, die **normale** Aufregung vor der mündlichen Prüfung, all das bewirkt zunächst einfach nur, dass Sie sich anstrengen. Die Leistungsfähigkeit nimmt zu.

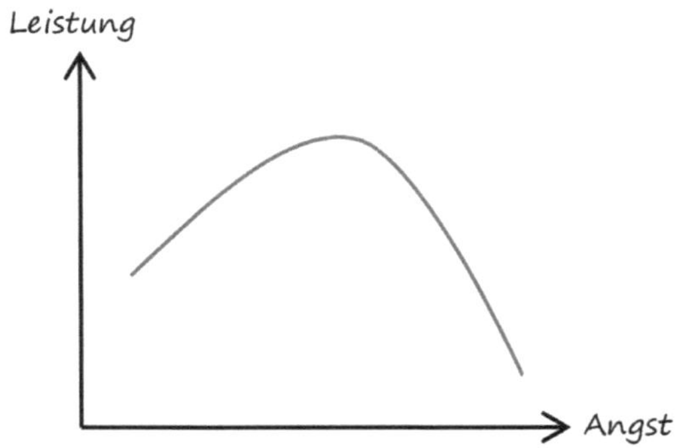

Abb. 1: Leistungskurve in Abhängigkeit vom Angstlevel

Ein zu hohes Angstlevel wirkt dagegen destruktiv. All die psychischen und physischen Symptome von starkem, unkontrollierbarem Stress machen sich bemerkbar. Starke Angst und die damit einhergehenden psychischen und physischen Stresssymptome blockieren Sie. Wahrscheinlich haben Sie auch schon versucht, die Prüfungssituation durch Nicht-Anmelden zur Prüfung, Abmelden von der Prüfung oder Krankschreibung durch einen Arzt zu vermeiden. Die Angst verhindert, dass Sie Ihre Fähigkeiten für Ihr Studium einsetzen können. Wenn dann der dritte und vielleicht letzte Prüfungsversuch ansteht, kommt es schnell zum **Blackout**.

Die angemessene Behandlung der Prüfungsangst hängt von der Stärke der Symptome ab. **Leichte Prüfungsangst** kann auf dem Wege der Selbsthilfe abgebaut werden. Ratgeberbücher können Sie dabei unterstützen.[11] Die Ansatzpunkte sind vor allem Entspannungstechniken und Autosuggestion, also das Ersetzen der angstauslösenden Gedanken durch zuversichtliche Gedanken. Das funktioniert durchaus, weil Sie bei jeder Prüfung die Möglichkeit der Umsetzung haben und umgehend ein Feedback über Ihre Fortschritte erhalten. Das angemessene Verhalten – die Prüfungsvorbereitung – wird durch den Erfolg – bestandene Prüfung – verstärkt. Wichtig ist, dass Sie ein solches Programm möglichst in Angriff nehmen, wenn Sie noch einigermaßen entspannt sind und nicht erst kurz vor der nächsten Prüfung, wenn die Angst schon Ihr Denken und Handeln lähmt.

Schwere Formen von Prüfungsangst bedürfen professioneller Hilfe! Wenden Sie sich an die psychologische Beratung, die entweder von Ihrer Zentralen (Allgemeinen) Studienberatung oder vom örtlichen Studentenwerk angeboten wird.

▶ *Tipp*

Falls Sie mit Ihrem örtlichen Studentenwerk noch keinen Kontakt hatten, finden Sie im Zweifelsfall die Adresse auf der Homepage des Dachverbandes der deutschen Studentenwerke http://www.studentenwerke.de (→ Deutsches Studentenwerk → Studentenwerke → Studentenwerke A–Z).

Die Zentrale Studienberatungsstelle Ihrer Hochschule finden Sie auf der

---

[11] beispielsweise Walther 2012

Homepage Ihrer Hochschule unter → Studium oder unter → Studierende verlinkt.

2.2 Ihre Leistungsbilanz

Selbsteinschätzung

Wissen Sie eigentlich, ob Sie ein guter Student sind? Als Sie noch Schüler waren, wäre Ihnen die Antwort leichtgefallen. Jedes halbe Jahr gab es – ob man wollte oder nicht – ein Zeugnis, in dem Sie unmissverständlich darüber informiert wurden, was die Lehrer von Ihren Leistungen hielten. Im Studium gibt es keine laufenden Zeugnisse, die Ihnen jedes Semester ungefragt mitteilen, wo Sie stehen. Wenn Sie sich nicht zu einer Modulprüfung anmelden, können Sie auch nicht durchfallen oder eine schlechte Note kassieren.

Starker Stress und Ängste verzerren die realistische Einschätzung der eigenen Lage, und zwar zum Positiven („Halb so schlimm!") oder auch zum Negativen („Jetzt ist alles aus!"). Machen Sie sich an eine **objektive** Bestandsaufnahme. Sie sollten dem gefühlten Problem das tatsächliche, faktische Problem gegenüberstellen. Dazu ist eine Leistungsbilanz notwendig.

Das **Credit-Point-System** hat den Vorteil, dass es Ihnen ein frühzeitiges Feedback über Ihren Leistungsstand ermöglicht. Das Modulhandbuch ist zunächst der ausschlaggebende Maßstab, den Sie für eine Selbsteinschätzung heranziehen müssen. Modalhandbücher sind zwar nicht einheitlich aufgebaut, aber in der Regel enthalten sie eine Modulübersicht bzw. einen Modulplan mit der Angabe der zu erwerbenden Credit-Points (CP).

▶ *Tipp*

Die Modulhandbücher (Studienordnungen) finden Sie auf den Internetseiten Ihres Instituts oder Ihrer Fakultät bzw. Ihres Fachbereichs. Wenn Sie nicht das komplette Modulhandbuch, sondern nur einen Auszug vorliegen haben, achten Sie bitte genau darauf, woher dieser Auszug stammt bzw. auf welcher Internetseite er eingestellt war. Falls Sie nämlich nicht systematisch gesucht, sondern gegoogelt haben, finden sich erstaunlich veraltete oder irrelevante Fassungen. Sollten Sie den Plan trotz gründlicher Suche nicht finden, gibt es Fach-/Fakultätsberatungen, die Ihnen sagen, wo im Internet diese Unterlagen versteckt sind.

Damit können Sie eine differenzierte Leistungsbilanz erstellen. Das folgende (fiktive) Beispiel enthält in der linken Spalte die laut Modulplan vorgesehen Module mit den Credit-Points (CP), die bei bestandener Modulprüfung vergeben werden (CP-Soll). CP-Haben sind die Credit-Points, die jemand tatsächlich durch Bestehen der Prüfung erworben hat. Entsprechend gibt es bei diesem Beispiel in jedem Semester nicht gemachte, ausstehende Leistungen und einen wachsenden Rückstand.

FS	Modulplan	CP Soll	CP Haben	Ausstehend
1. FS	Allgemeine Chemie	14	14	
	Physik für Chemiker	8	–	8
	Mathematik für Chemiker	4	4	

	Toxikologie und Rechtskunde	4	–	4
				Semesterrückstand 12
2. FS	Mathematik für Chemiker	4	4	
	Anorganische Chemie I	8	–	8
	Organische Chemie I	8	8	
	Biochemie	10	–	10
	aus 1. FS			
	Physik für Chemiker	8	8	
	Toxikologie und Rechtskunde	4	–	4
				neuer Semesterrückstand 22
3. FS	Anorganische Chemie II	8	–	8
	Organische Chemie II	8	–	8
	Physikalische Chemie I	6	6	
	Theoretische Chemie	8	8	
	aus 1. FS			
	Toxikologie und Rechtskunde	4	–	4
	aus 2. FS			
	Anorganische Chemie I	8	–	8
	Organische Chemie I	8	–	8
				neuer Semesterrückstand 38

Tab. 1: Beispiel für eine Leistungsbilanz bei strukturiertem Studienplan

Wenn Sie bereits in einer fortgeschrittenen Phase Ihres Studiums sind, stellt sich immer die Frage, ob sich die Lösungsoption Weitermachen lohnt. Dabei müssen Sie ermitteln, welcher Aufwand in Zukunft bis zum Abschluss noch zu betreiben ist. Sie führen die Tabelle in die Zukunft hinein weiter und listen auf, was Sie in den nächsten Semestern bis zum vollständigen Abschluss einschließlich Bachelorarbeit/Abschlussarbeit noch machen müssen. Daneben schreiben Sie (aus der Spalte CP-Haben wird CP-geplant), in welchem Semester Sie die Leistung tatsächlich bei realistischer Betrachtung absolvieren können.

Sicherlich ist Rückstand nicht gleich Rückstand. In den wenig strukturierten Geisteswissenschaften können Basismodule an vielen Hochschulen beliebig oft wiederholt werden. Das macht das Problem nicht besser; im Gegenteil: Die Selbsteinschätzung, ob man zu den **Guten** (Geeigneten) oder zu den **Schlechten** gehört, und ab wann ein Rückstand problematisch ist, fällt schwerer. Die Versuchung wächst, den Rückstand für normal zu halten. Stark strukturierte Studiengänge hingegen, wie Mathematik oder Maschinenbau, sind gleichzeitig in der Regel **schwere** Studiengänge. Kaum ein Studierender, auch die **Guten** nicht, schafft in diesen Studiengängen sein Studium ohne Rückstand. In solchen Studiengängen mit eindeutigem, straffem Studienplan sind die Defizite unmittelbar sichtbar. Sie haben hier ein frühes und klares Feedback über Ihren Leistungsstand aus der Sicht der Prüfer.

Von einem bestimmten Rückstand an ist die Fortsetzung eines Studiums sinnlos. Nur leider gibt es auch für diesen Punkt keinen festen Wert; er ist je nach Fakultät, Studiengang und angestrebten Berufen unterschiedlich. Die Studiendauer spielt für die Berufschancen eines BWLers eine wichtige Rolle, bei einem Lehramtsstudium dagegen so gut wie keine! Wenn ein Rückstand bei 50 oder mehr Prozent liegt, dann ist – besonders bei stark strukturierten Studiengängen – das Stadium erreicht, in dem das Studium nur noch eine **Pro-forma-Angelegenheit** ist. Die Betreffenden studieren nicht mehr, sondern sie halten nur noch die Einschreibung aufrecht, weil sie sich noch nicht dazu aufraffen konnten, für klare Verhältnisse zu sorgen.

Fremdeinschätzung und Feedback von außen

Die Bilanz, die Sie an Hand des Modulplans ziehen und schriftlich in Ihrer Leistungsbilanz fixieren sollten, ist in jedem Fall ein wichtiger erster Schritt, aber sie genügt nicht. Emotionale Belastungen können in zwei Richtungen die Selbstwahrnehmung verzerren: Die einen – die Verdränger – haben ein großes Talent dazu, die Probleme zu übersehen oder zu beschönigen. Die anderen – die Besorgten – werden schon nervös, wenn nur mal eine Klausur nicht so gut ausfällt wie gewohnt. Ein objektives Feedback **von außen** ist notwendig. Es kommt aber nicht von selbst, sondern **Sie müssen es sich holen**.

Fachberatung

Eine Möglichkeit, die eigene Leistungsbilanz von außen beurteilen zu lassen, ist die Fachberatung. An manchen Fakultäten (Wirtschaftwissenschaften, Jura) ist sie auf Fakultätsebene organisiert, in anderen Fällen (Mathematik, Naturwissenschaften, Fachbereiche der FH) auf Fachebene.

> ▶ *Tipp*
>
> Kontaktdaten der Fachberater finden sich in der Regel auf der Internetseite Ihrer Fakultät bzw. Ihres Instituts.

Fachberater sind die Fachleute, die eine klare Vorstellung davon haben, wie ein guter Student sein sollte. Nur leider nützt Ihnen das zunächst einmal nicht viel. Wahrscheinlich kennt er Sie nicht oder höchstens vom Sehen. Sie müssen deshalb Ihre Liste der bestandenen und noch offenen Leistungen bzw. Module samt Noten mitbringen. Selbst dann kann es sein, dass das Gespräch nicht zu 100 Prozent die gewünschte Klarheit bringt. Fachberater sagen Unangenehmes nicht gerne. Ihre Defizite müssten schon eklatant sein, damit ein Fachberater Ihnen empfiehlt, den Studiengang zu verlassen.

Fachschaften, Mitstudenten

Der Weg zur Fachberatung mag schwerfallen, weil er mit dem Eingeständnis verbunden ist, nicht gut mit dem Studium zurechtzukommen. Da liegt es nahe, die Leidensgenossen links oder rechts, also den erstbesten Mitstudenten zu fragen, den man aus der Übung oder der Cafeteria kennt. Zu empfehlen ist eine solche Einschätzung nicht, weil Sie (wahrscheinlich) nicht wissen, ob Ihr Gegenüber selbst ein guter oder schlechter Student ist. Erst recht wissen Sie nicht, ob er Ihren Leistungsstand und Ihre fachlichen Fähigkeiten überhaupt beurteilen kann.

Eine solche Rückmeldung ist aber in der Regel leichter (informeller, gleichsam nebenher) zu bekommen als das förmliche Gespräch mit der Fachberatung. Wenn Sie eine Einschätzung durch Mitstudenten einholen wollen, sollten Sie das besser bei der Fachschaft tun.

> ▶ *Tipp*
>
> Der Kontakt, also E-Mail-Adresse und meistens auch eine Raumangabe, findet sich auf der Internetseite entweder des Instituts oder der Fakultät. In den Geisteswissenschaften (Philosophische Fakultät), den Naturwissenschaften und den Ingenieurwissenschaften sind Fachschaften zumeist auf Fach- bzw. Institutsebene organisiert; in den Rechtswissenschaften, Wirtschaftswissenschaften und an den Fachhochschulen auf Fakultäts- oder Fachbereichsebene. Auf den entsprechenden Internetseiten finden Sie in der Regel nicht nur die Kontaktdaten der Fachschaften, sondern häufig auch nützliche Informationen zum Studium.

Auch die Fachschaft bietet keine Garantie, dass es sich um einen kompetenten Ansprechpartner handelt. Bitte vergessen Sie nicht, dass es sich um Studierende des Faches handelt, die ehrenamtlich in der Fachschaft mitarbeiten. Aber kein Mitstudent wird Ihnen die dezenten Rückfragen übelnehmen, wie lange er denn schon dabei ist und wie gut er sich mit den formellen Regelungen des Studiengangs auskennt.

2.3 Woran liegt es?

Wer – durch Glück oder gute Vorbereitung – das richtige Studium gewählt hat, denkt nicht lange darüber nach, von welchen Faktoren sein Studienerfolg abhängt. Warum sollte man auch, wenn ein Studium gut läuft. Anders sieht es aus, wenn ein Studium schlecht läuft. Dann spielt die Frage eine große Rolle, von welchen Voraussetzungen der Studienerfolg abhängt. Fehlt eine oder mehrere dieser Voraussetzungen, wird aus dem Erfolgsfaktor eine Belastung für Ihr Studium. Solche belastenden Faktoren sind insbesondere:

- fachliche Überforderung,
- geringe Selbstorganisation,
- Desinteresse und fehlende intrinsische Motivation,
- fehlende Berufsperspektive,
- geringe Integration in das soziale Umfeld **Hochschule**,
- studienexterne persönliche Belastungen.

Im Folgenden sind zu jeder dieser sechs Bereiche eine Reihe von Aussagen zusammengestellt. Markieren Sie jeweils die Aussagen, von denen Sie glauben, dass sie bei Ihnen zutreffen.

Selbsttest

Fachliche Anforderungen

- ☐ Mein Leistungsstand hinkt ziemlich hinterher.
- ☐ Meine Leistungsbilanz halte ich für eher unterdurchschnittlich.
- ☐ Auch wenn ich viel lerne, schaffe ich öfter die Klausuren nicht.
- ☐ Den Leistungsdruck finde ich sehr hoch.
- ☐ Ich finde die Studienanforderungen übertrieben.
- ☐ Meine Studienfächer sind viel schwerer, als ich es mir von meinen Schulleistungen her vorgestellt habe.
- ☐ Beim Studieneinstieg fehlten mir schulische Vorkenntnisse.

- ☐ Schwere Klausur schreibe ich selten in dem Semester, in dem sie auf dem Plan stehen.
- ☐ Ich musste schon mehrfach in den letzten Prüfungsversuch.
- ☐ Ich brauche viel mehr Zeit für die Prüfungsvorbereitung als die anderen.
- ☐ Als ich mir mein Studium ausgesucht habe, wusste ich nicht genau, dass es so schwer ist.
- ☐ Mit viel Lernerei schaffe ich die Klausuren, aber so richtig verstanden habe ich den Stoff meistens nicht.

Die fachlichen Fähigkeiten spielen, das ist trivial, eine wesentliche Rolle bei der Bewältigung eines Studiums. Wenn sie unzureichend sind, steigt der Leistungsdruck aufgrund **fachlicher Defizite** rapide an. Das gilt beispielsweise in Studiengängen wie Mathematik, Naturwissenschaften oder Ingenieurwissenschaften, die erhebliche Anforderungen an die vorausgesetzten schulischen Fähigkeiten haben. Fachliche Defizite treten aber auch in den Geisteswissenschaften auf, wenn sprachliche Fähigkeiten und Lesebereitschaft unzureichend sind. In der Rechtswissenschaft sind mangelnde sprachliche Präzision bzw. mangelndes methodisches Denken eine häufige Quelle von Leistungsproblemen. Die Studierfähigkeit hängt zwar nicht nur, aber in vielen Studienrichtungen stark von entsprechenden schulisch-fachlichen Fähigkeiten ab. Fehlen diese, machen sich in der Regel früh die aufgeführten Leistungsprobleme bemerkbar. Ziehen Sie in Betracht, dass Ihre fachlichen Fähigkeiten nicht zum gewählten Studium passen. Wenn Ihre Probleme hauptsächlich in diesem Bereich liegen, war der Studiengang, den Sie zurzeit absolvieren, wahrscheinlich keine gute Wahl für Sie.

Ohne Erfolgserlebnisse gibt es keine dauerhafte Motivation. Aber nicht nur fachliche Überforderung, sondern auch Unterforderung im Studium kann zum Motivationskiller werden. Bei Unterforderung und Langeweile bleibt die Motivation auf der Strecke. Es fehlt an Interesse. Auch hier gibt es möglicherweise Studiengänge, die eine bessere Wahl für Sie darstellen.

Selbsttest

Selbstorganisation

- ☐ Wenn ich vor den Prüfungen den Berg Lernstoff sehe, weiß ich nicht, wo ich anfangen soll.
- ☐ Ich lerne viel, aber nichts bleibt hängen.
- ☐ Je näher die Klausur rückt, desto mehr wird mir bewusst, was ich alles noch nicht gelernt habe.
- ☐ Immer wenn ich mit dem Lernen anfangen sollte, fällt mir ein, dass ich noch schnell einkaufen/staubsaugen/aufräumen/ein Buch besorgen … muss.
- ☐ Oft habe ich das Gefühl, dass ich einfach nicht mit meiner Zeit auskomme.
- ☐ Wenn wir Papers oder Handouts bekommen, weiß ich nie, wo ich die lassen soll.
- ☐ In der Schule wurde einem wenigstens gesagt, was man tun sollte.
- ☐ Wenn es um mein Studium geht, fallen mir auch die einfachsten Entscheidungen schwer.

- ☐ Zu Beginn des Studiums habe ich die Einführungsveranstaltungen leider verpasst.
- ☐ Meinen Modulplan (Studienplan) muss ich mir noch besorgen.
- ☐ Den Namen meines Fachberaters kenne ich nicht und wo ich ihn finde weiß ich auch nicht.
- ☐ Ich wusste gar nicht, dass es eine Fachberatung gibt.

Bei vielen Studierenden ist der Studienerfolg gering, nicht weil sie fachlich überfordert sind, sondern weil **allgemeine Studienkompetenzen fehlen**, die zum Studium unbedingt erforderlich sind. An erster Stelle sind die Regeln einer guten Lerntechnik zu beachten (Lernstoff einteilen, Lernplan machen, Notieren und Exzerpieren, Pausen einplanen usw. Wir werden hierauf in → Kapitel 4.4 zurückkommen.). Es geht weiter mit so altmodischen Tugenden wie Fleiß, Ordnung und Durchhaltevermögen – das hört sich zwar verstaubt an, wichtig sind diese Studienkompetenzen trotzdem. Die gute Nachricht: Während Sie gegen eindeutige fachliche Überforderung nicht viel machen können, lassen sich diese Kompetenzen zum großen Teil nachträglich erwerben und trainieren. Das gilt sicherlich für Lerntechnik und Selbstorganisation. Aber auch wenn es an Durchhaltevermögen fehlt, können Sie an Ihren Schwächen arbeiten. Zwar ist es besser, wenn man die Methodik der geistigen Arbeit schon in der Schule gelernt hat, aber Sie wären nicht der erste **Spätentwickler**, der erst nach ein paar Semestern **die Kurve kriegt**. Defizite in diesem Bereich sind also nicht gleich ein Grund, das aktuelle Studium aufzugeben.

Selbsttest

Interesse und intrinsische Motivation

- ☐ Ich denke oft darüber nach, ob ich im richtigen Studiengang bin.
- ☐ Ich möchte es mal erleben, beim Lernen nicht alle fünf Minuten auf die Uhr zu schauen.
- ☐ Ich frage mich oft, warum ich dies und jenes eigentlich lernen soll.
- ☐ Wenn ich morgens in den Spiegel schaue, habe ich zurzeit nicht das Gefühl, etwas Sinnvolles zu tun.
- ☐ Ich hätte lieber … studiert, aber dafür reichte mein Notendurchschnitt nicht aus.
- ☐ Den Studiengang hatte ich mir ganz anders vorgestellt.
- ☐ Ich muss mich doch sehr zum Lernen zwingen.
- ☐ Meine Eltern haben mich bei der Studienwahl ziemlich beeinflusst.
- ☐ Am liebsten hätte ich … studiert, aber da sind die Berufsaussichten so schlecht.
- ☐ Von den Modulen, die ich bisher absolviert habe, fand ich die wenigsten interessant.
- ☐ Wenn mich etwas wirklich interessiert, dann würde ich mich auch anstrengen.
- ☐ Meinen Studiengang habe ich nur gewählt, weil es hier gute Jobaussichten gibt.

Für den Gelangweilten wird das Lernen für Klausuren rasch zur Qual. Die Materie **interessiert ihn einfach nicht**, sie ist nicht seine Domäne. Es ist eine Binsenweisheit: Das wichtigste Kriterium für die Studienwahl ist immer noch das Interesse. Nur aus Interesse heraus entsteht intrinsische Motivation, bei der der Anreiz in der Beschäftigung mit der Sache selbst liegt. Zwar ist das interessanteste Fach nicht immer die beruflich vernünftigste Wahl. Aber trotzdem zeigt die Erfahrung, dass ein Studium nicht durchzuhalten ist, wenn das Interesse zu gering ist. Die rein extrinsisch Motivierten (Einkommen, Arbeitsmarktstatistik, Eltern) steuern den größten Anteil zur Gruppe der Studienabbrecher bei. Wahrscheinlich ist es ganz einfach so, dass das hohe Maß an Selbstkontrolle und Überwindung, das aufgebracht werden muss, um ein uninteressantes Fach zu studieren, auf Dauer zu viel psychische Energie kostet. Wenn Ihr Studiengang Sie schlicht nicht interessiert, sollten Sie nicht mit einem Fachwechsel zögern.

Selbsttest

Berufliche Perspektiven

- ☐ Ich habe keine Ahnung, ob ich das, was ich hier lerne, beruflich brauchen kann.
- ☐ Ich habe kein Bild von mir in fünf oder zehn Jahren vor Augen.
- ☐ Wenn ich mir vorstelle, mein Leben lang im Labor zu stehen (vor einer Klasse zu stehen, im Büro die Papiere anderer Leute umzudrehen etc.), denke ich: „Das ist es nicht."
- ☐ Nach dem Abitur konnte ich mich lange nicht für ein Fach entscheiden, aber etwas muss man ja machen.
- ☐ Einen klaren Berufsbezug hat mein Studium nicht.

- ☐ Mein Studiengang führt zu einem bestimmten Beruf, aber ich bin mir nicht sicher, ob der mir gefällt.
- ☐ Das Studium ist für mich nicht die Hauptsache, meine Nebenjobs sind interessanter.
- ☐ Man kann doch im Leben so viel machen – wie soll ich mich da jetzt schon festlegen?
- ☐ Nach dem Bachelor mache ich erst einmal den Master, dann schauen wir weiter.
- ☐ Bei der Berufsberatung war ich schon, aber die konnten mir auch nicht weiterhelfen.
- ☐ Manchmal mache ich mir schon Sorgen um meine Zukunft.
- ☐ Ich hatte mich in der Hochschule nach den beruflichen Möglichkeiten meines Studiengangs erkundigt, aber so richtig erklären konnte mir das keiner.

Neben dem Interesse ist ein Berufsziel oder eine Vorstellung von der **beruflichen Richtung** einer der wichtigsten Erfolgsfaktoren eines Studiums. Die Vorstellung von einer bestimmten, wünschenswerten beruflichen Tätigkeit gibt dem Studium zusätzlich Sinn und Bedeutung. Ein illustratives Beispiel ist das Medizinstudium: Obwohl relativ arbeitsaufwendig, ist seine Abbruchquote sehr gering, nicht zuletzt weil Medizinstudenten in der Regel das klare Berufsziel Arzt anstreben und sich mit jeder bestandenen Klausur diesem Ziele einen Schritt nähern. Und umgekehrt werden Geistes-, Kultur- und Sozialwissenschaften (mit relativ hoher Abbruchquote) zwar häufig mit großem Elan begonnen, der aber erlahmt, wenn sich in beruflicher Hinsicht keine Lösung abzeichnet. Sie können zwar aus primär fachlichem Interesse und zunächst ohne ein konkretes Berufsziel ein bestimmtes Studium wählen. Schwierig wird es aber dann, wenn Sie langfristig die Frage ignorieren, wohin Sie das Studium bringen soll.

Sie sollten für sich festlegen, wie wichtig Ihnen berufliche Planbarkeit ist. Wenn Ihnen diese Planbarkeit wichtig ist und Ihr bisheriges Studium wenig berufsqualifizierende Funktion hat, dann hilft nur ein Fachwechsel oder ein Umstieg in die Berufswelt.

Selbsttest

Zugehörigkeitsgefühl

- ☐ Ich bin eigentlich immer froh, wenn ich abends aus der Hochschule raus bin.
- ☐ Die Hochschule ist schon ziemlich anonym.
- ☐ Keine Ahnung wie der Rektor heißt.
- ☐ Ich habe Probleme damit, Dozenten anzusprechen.
- ☐ Ich wohne noch zu Hause, weil das praktischer ist.
- ☐ In meiner Hochschule muss jeder sehen, wie er zurechtkommt.
- ☐ Die Dozenten haben keine Zeit für uns.
- ☐ Ich arbeite selten mit anderen Kommilitonen in einer Lerngruppe zusammen.
- ☐ Mit der Fachschaft und ähnlichen studentischen Zusammenschlüssen habe ich eigentlich nichts zu tun.
- ☐ Die anderen haben in der Freizeit mehr Spaß als ich.

- ☐ So richtig habe ich den Einstieg nicht geschafft.
- ☐ Ich habe mehr Kontakt zu Freunden von früher als zu Kommilitonen.

Einzelkämpfer haben es in der Regel schwer. Während andere sich über gemeinsame Probleme mit Aufgabenstellungen oder Dozentenmacken austauschen, muss der Einzelkämpfer sehen, wie er allein zurechtkommt. Das Solidaritätsgefühl, wenn alle mit den gleichen Schwierigkeiten kämpfen, kennt er nicht. Seine Welt zerfällt in Hochschule und (alte) Kontakte von früher. Für ihn wird das Studium nie ein Lebensabschnitt sein, in dem er neue Freunde und neue Erfahrungsfelder findet. Bei Rückschlägen ist niemand da, der aus eigener Erfahrung den Frust nachvollziehen kann.

Selbsttest ✎

Studienexterne Belastung

- ☐ Meine Studienförderung (BAföG, Eltern etc.) reicht nicht, ich muss nebenher jobben.
- ☐ Mein Nebenjob kostet mich deutlich mehr als 10 Stunden pro Woche.
- ☐ Mein Nebenjob kollidiert mit Vorlesungszeiten.
- ☐ In meiner Wohnung (meinem Zimmer) kann ich nicht ungestört arbeiten.
- ☐ Für den Weg zur Hochschule brauche ich deutlich mehr als 30 Minuten.
- ☐ Ich fahre mit dem Auto zur Hochschule und stehe täglich im Stau.

- ☐ Im Studium bin ich durch Krankheit eingeschränkt.
- ☐ Mein Engagement im Verein ist mir schon wichtig, auch wenn mich das viel Zeit kostet.
- ☐ Häufig muss ich mich abends bzw. am Wochenende um Familienangehörige kümmern.
- ☐ Mein Engagement in der Fachschaft oder beim AStA ist mir so wichtig, dass ich schon mal Lehrveranstaltungen auslasse.
- ☐ Neben dem Studium muss ich mein Kind versorgen.
- ☐ Ohne meine Mitarbeit zu Hause würde der Betrieb nicht laufen.

Wenn Ihre Probleme schwerpunktmäßig im Bereich der Rahmenbedingungen liegen, ist nicht das gewählte Studium an Ihren Schwierigkeiten schuld. Es sind **studienexterne Belastungen**, die Sie ausbremsen. Nur wenn Sie sich auf Ihr Studium konzentrieren können, stehen Sie auch schwierige Phasen durch. Belastungen, die gar nicht ursächlich aus dem Studium selbst, sondern aus persönlichen Umständen resultieren, verhindern, dass Sie immer voll und ganz **bei der Sache** sind. Sie würden folglich durch einen Fachwechsel auch keine Verbesserung Ihrer Situation erreichen.

Wechselwirkungen

Die kleineren oder größeren Tücken des Alltags sind normal und gefährden nicht den Studienerfolg. Auch einzelne Belastungen (wie Nebenjob, nichtbestandene Klausur, schlechte Studienbedingungen, langweilige Pflichtgebiete etc.) schließen ein erfolgreiches Studium nicht aus. Gefährlich ist die **Kombination** von mehreren belastenden Faktoren. Geringes Interesse **und** Trennung vom Partner? Schlechtes Zeitmanagement **und** Wohnort 50 km entfernt? Geringes Interesse **und** keine berufliche Vorstellungen? So und ähnlich sehen die klassischen Risikosituationen aus, die in der Statistik den größten Teil der Studienabbrecher liefern.

Wenn Sie in einer der Rubriken viele Kreuze machen mussten, spricht viel dafür, dass hier auch die Schwachstelle Ihres Studiums liegt. Heißt das, dass damit auch klar ist, welche der drei möglichen Lösungen einer Studienkrise die beste ist? Wenn Sie ein nur mäßiges Interesse an Ihrem Studienfach feststellen, müssen Sie dann das Fach wechseln? Wenn es bei Ihnen an allgemeinen Studienkompetenzen fehlt, müssen Sie dann Abbrechen und die Hochschule verlassen? So einfach ist es manchmal, aber nicht immer. Es handelt sich selten um eine einfache Ursache (kein Interesse) mit genau einer Wirkung (schlechte Studienleistungen). Geringes Interesse kann durch Willensstärke kompensiert werden. Allgemeine Studienkompetenzen können im Studium verbessert werden. Aussagen wie „Ohne Interesse geht es nicht" oder „Ohne Berufsziel geht es nicht" oder „Ohne die Schulkenntnisse in … geht es nicht" vereinfachen ein komplexes Problem zu sehr.

Für Ihre Orientierung ist es hilfreicher, wenn Sie Ihre Schwachstelle in Relation zu Ihrer Leistungsbilanz setzen. Sie können daraus ableiten, welche Ressource oder Fähigkeit zur Kompensation der Schwachstelle nötig ist und ob Sie sie mobilisieren können und **wollen**. Bei dieser Betrachtung wird sichtbar, unter welchen Voraussetzungen ein Weitermachen oder ein Fachwechsel sinnvoll ist. Sie können dann entscheiden, ob Sie bereit sind, den Aufwand zu investieren. Hierzu folgendes Beispiel:

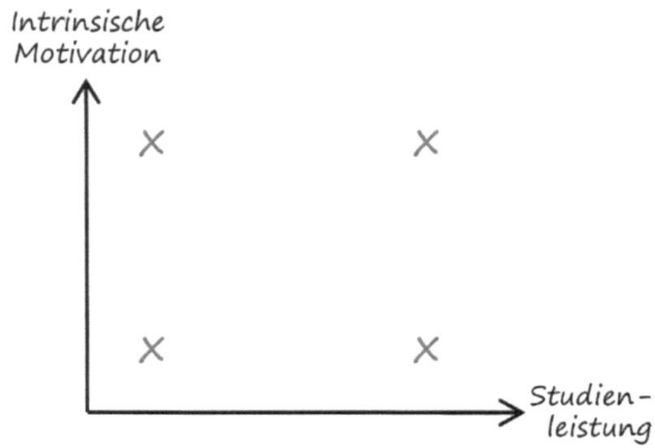

Abb. 2: Relation von intrinsischer Motivation und Studienleistungen

Wenn Sie sich intuitiv rechts oben einordnen: Glückwunsch – Sie sind mit **Spaß** dabei und Ihre Studienleistungen sind gut. Rechts unten finden sich die Selbstdisziplinierten, die sich mit nur mittelmäßigem Interesse und mit viel Arbeit bzw. Selbstmanagement durch ihre Fächer **ackern** (wenigstens sollte dann das Berufsziel es wert sein). Wenn Sie sich links oben einordnen, fehlt es an fachlichen bzw. an allgemeinen Fähigkeiten. Hier droht Überforderung. Und links unten finden wir die Kandidaten für Fachwechsel oder Umstieg ins Berufsleben.

3 Entscheiden ist besser als laufen lassen

Wenn Sie mit Ihrer Studiensituation nicht zufrieden sind, dann sollten Sie etwas unternehmen. Unabhängig davon, ob Studienstress, Leistungsprobleme oder Motivationsdefizite dominieren, wäre Verdrängen und Weitermachen wie bisher keine gute Lösung. Sie müssen entscheiden, wie es mit Ihrem Studium weitergehen soll. Aus Fehlern kann man lernen. Sie haben Erfahrungen gemacht, die für eine Entscheidung hilfreich sind. Dabei kann durchaus die alte Entscheidung gleichzeitig die neue sein, wenn Sie sich für das Weitermachen entscheiden. Aber auch das müssen Sie **entscheiden**.[12]

Entscheiden heißt, ganz allgemein gesagt, vergleichen und auswählen. Soweit kein Problem. Wir machen so etwas im Kleinen täglich beim Einkaufen im Supermarkt, bei der Wahl eines Kinofilms, beim Handykauf oder bei tausend anderen Gelegenheiten. Schwierig wird es, wenn der Vergleich nicht so einfach ist wie im Supermarkt, wo alles schön übersichtlich nebeneinander in einem Regal steht (Preis-Leistungs-Verhältnis bei Ravioli? – das kriegt man normalerweise ohne komplizierte Entscheidungsmatrix hin). Schwierig wird es auch, wenn von der Entscheidung viel Wichtigeres abhängt als nur eine Dose Eintopf, der schlimmstenfalls nicht schmeckt.

Entscheidungen, die **Weichen** fürs Leben stellen, haben etwas Ehrfurcht Gebietendes. Es sind biographische Entscheidungen, mit deren Folgen man viele Jahre zu tun hat. Wir glauben, dass unser Lebensglück von ihnen abhängt. Bloß nichts falsch machen, es könnte einem eine Chance fürs Leben entgehen. Dieses Gefühl erzeugt eine zusätzliche Verunsicherung, besonders wenn bei der Wahl

[12] Eine Entscheidung, die nicht so bequem ist, wie es auf den ersten Blick scheint.

Ihres jetzigen Studiums nicht alles optimal gelaufen ist. Mit dieser Unsicherheit kann nicht jeder gut umgehen. Manche suchen nach Informationen über jedes kleinste Detail, bis sie den Wald vor lauter Bäumen nicht mehr sehen. Andere verdrängen das Problem und schieben es vor sich her.

3.1 Schluss mit der Entscheidungsvermeidung

Auch wenn die meisten Studienabbrüche relativ spät erfolgen, kann man davon ausgehen, dass die Probleme viel früher wahrnehmbar waren – manchmal schon in den ersten Wochen des ersten Semesters. Was führt dazu, dass viele Studierende trotzdem so spät reagieren?

Weitermachen aus Gewohnheit

Es gibt Menschen, die jahrelang darüber nachdenken, sich eine neue Frisur zuzulegen und es nie tun. Wir hängen am Gewohnten. Auch Sie haben zu Studienbeginn die Eingewöhnung in die neue Welt **Hochschule** geschafft und sollen nun alles infrage stellen? Zumal es das erste Mal war, dass Sie eine so wichtige Entscheidung wie die Studienwahl (hoffentlich) selbst getroffen haben. Niemand gibt gerne schon nach ein oder zwei Semestern zu, mit dem gewählten Studiengang keine gute Entscheidung getroffen zu haben. Schon der Wechsel der Fachrichtung bedeutet neue Professoren (mit ihren Eigenheiten), neue Mitstudenten, neue Regularien und vielfach gänzlich andere Kriterien für methodisch sauberes Arbeiten. Ganz zu schweigen von den Umstellungen, die mit einem Start in die Berufswelt verbunden wären. Da überlegt man doch zweimal, oder?

Besser nicht. Viele Studienabbrüche und Fachwechsel erfolgen unnötig spät. Damit verschenken Sie Kapital für Ihr Image-Konto (das man vielleicht schon bei der nächsten Bewerbung um einen Praktikumsplatz oder Job gut brauchen kann). Unangenehmes wird nun einmal gerne verschoben und der Gedanke, die aktuelle Studiensituation infrage zu stellen, ist unangenehm. Er bedeutet Neuland und damit auch neue Unsicherheiten. Kein Wunder, dass so lange wie möglich an der optimistischen Sichtweise festgehalten wird, die besagt, dass im nächsten Semester alles besser wird.

> Dietrich Dörner nennt das anschaulich **ballistisches Verhalten**: Haben wir uns erst einmal für ein Projekt entschieden und begonnen, den Plan in die Tat umzusetzen, verhalten wir uns wie Kanonenkugeln. Unerwartete Folgen werden so lange wie möglich ignoriert. Anstatt aus Fehlern zu lernen und den Kurs zu korrigieren, halten wir unbeirrt die Flugbahn ein.[13]

Nur wenige Studiengänge sind so stark strukturiert, dass eindeutig feststeht, in welchem Semester welche Leistung erbracht werden muss. Unerwartete Folgen wie **versiebte** Klausuren können daher erstaunlich lange ignoriert werden. Viele Studiengänge (selbst der als verschult geltende Studiengang Betriebswirtschaftslehre gehört dazu) machen zwar **Empfehlungen** für die Studienplanung, lassen aber für die Verteilung der Klausuren auf die Fachsemester große Spielräume. In wenig strukturierten Studiengängen können Leistungsrückstände durch gute Vorsätze („Mache ich im nächsten Semester…“) verdrängt werden. Dem Beharren auf Gewohntem kommt das sehr entgegen. Es besteht nicht der Zwang, die eigene Studienwahl auf den Prüfstand zu stellen.

---

[13] Dörner 1989, S. 265ff.

> ▶ *Tipp*
>
> Machen Sie nicht einfach mit Ihrem bisherigen Studierverhalten weiter, weil es bequemer ist, nichts zu unternehmen.

Wenn Sie lange genug abwarten, **löst** die Zeit definitiv alle Probleme, denn irgendwann gibt es nichts mehr zu entscheiden. Das Zeitfenster, indem persönliche Projekte wie ein Studium Sinn machen, schließt sich irgendwann. Insofern ist die menschliche Neigung fatal, einfach nichts zu ändern und darauf zu hoffen, dass sich das Problem von selbst erledigt. Die Problemlösung, die sich irgendwann durch Entscheidungsvermeidung von selbst ergibt, ist sehr wahrscheinlich für Sie die ungünstigste.

Schade um die geleistete Arbeit?

Aber Sie gehören bestimmt zu denjenigen, die nicht aus Gewohnheit einfach weitermachen, sondern vernünftig überlegen, ob sich das Weiterstudieren noch lohnt. Und wahrscheinlich haben Sie einen ganz einfachen – scheinbar vernünftigen – Grund dafür, am gewählten Studium so lange wie möglich festzuhalten. Es sind die Zeit und die Arbeit, die schon nach einem und erst recht nach drei oder fünf Semestern investiert worden sind. Bei einem Fachwechsel oder Verlassen der Hochschule wäre sie ganz oder teilweise verloren. Es wäre das Eingeständnis, dass die ganze Mühe umsonst war.

> Wenn Sie auch so denken, sind Sie im Begriff, auf den **Versunkene-Kosten-Entscheidungsfehler** hereinzufallen. Jedes Projekt, alle langfristig geplanten Unternehmungen, erfordern Zeit, Arbeit und Geld. Der Plan mag gut oder schlecht sein und die Unternehmung gut oder schlecht laufen, aber das kön-

> nen wir erst nach einiger Zeit der Erfahrung mit dem Projekt feststellen. Je mehr wir aber in das Projekt investiert haben, desto weniger sind wir bereit, es wieder aufzugeben. Daniel Kahneman erläutert dies am Beispiel eines Aktienverkaufs. Jemand benötigt Geld und verkauft deshalb Aktien. Er könnte Aktien der Firma A verkaufen, deren Kurs sich gut entwickelt hat, oder Aktien der Firma B, deren Kurs im gleichen Zeitraum deutlich gesunken ist. Welche werden eher verkauft? Da beim Verkauf der Aktie B investiertes Geld verlorengeht und da der Verkauf diesen Verlust realisiert, klammern sich die meisten Menschen an die Hoffnung, Aktie B würde irgendwann wieder steigen. Sie verkaufen Aktie A.[14]

Dabei sollte für den Verkauf nicht die Kursentwicklung in der Vergangenheit, sondern nur die **Gewinnerwartungen** in der Zukunft die ausschlaggebende Rolle spielen. Vergessen Sie die **versunkenen Kosten**. Je länger Sie die Entscheidung aufgeschoben haben, desto mehr klammern Sie sich an ein möglicherweise schon nicht mehr zu rettendes Studium. Dieses Semester noch, nur noch ein Versuch und so fort. Und so wird im 10. Semester immer noch versucht, die Statistik-Pflichtklausur zu schaffen, die andere im 2. Semester geschrieben haben. Ein fataler Kreislauf: Je länger man dabei ist, desto stärker glaubt man, eben wegen der zurückliegenden Semester weitermachen zu müssen, egal wie gering der Studienerfolg auch gewesen sein mag. Aber entscheidend sind nur **die zukünftigen Erfolgsaussichten** aller drei Optionen, die Ihnen offenstehen (also auch Fachwechsel und Berufsstart). Die Option Weitermachen nur deswegen zu bevorzugen, weil schon Zeit und Arbeit investiert wurden, ist keineswegs so vernünftig, wie es zunächst scheint. Für die Entscheidung über die Lösung Ihrer Studienkrise sollten Sie die folgende Überlegung anstellen:

---

[14] Kahneman 2012, S. 423

▶ *Tipp*

Wie viel Arbeit muss ich noch investieren, um den Abschluss zu machen und welchen Ertrag bringt die gleiche Arbeitsleistung, wenn ich sie ab sofort in eine der beiden anderen Lösungen investiere?

Definieren Sie Meilensteine

Wie lange wollen Sie Ihrem jetzigen Studium noch geben? Wichtig ist, dass Sie überhaupt eine Antwort haben, egal ob der Zeitraum kurz (besser) oder lang (nicht so gut, aber besser als kein Limit) ist. Legen Sie für sich **Meilensteine** fest.

> Meilenstein ist ein Begriff aus dem Projektmanagement. Ein Meilenstein ist ein Ereignis, das den Beginn oder das Ende eines Projektes markiert. Während eines komplexen Projektes, in dem verschiedene Phasen aufeinander aufbauen, definieren Meilensteine innerhalb des Gesamtprojektes auch den Abschluss einer Phase und den Einstig in die darauf aufbauende Phase. Meilensteine haben den Vorteil, dass vorher festgelegt ist, wann welcher Projektfortschritt erreicht ist, wann der nächste Schritt begonnen werden kann und wann das Ziel erreicht ist.

Machen Sie den Entscheidungsprozess über Ihr weiteres Studium zu einem Projekt. Meilensteine dienen Ihnen als Instrument der Selbstkontrolle, mit dem Sie präzise Erfolgs- oder Misserfolgskriterien festlegen. Tritt das entsprechende Resultat ein, besteht unmittelbarer Entscheidungsbedarf darüber, wie Ihr Ausbildungsweg weitergehen soll.

Tipp

- Legen Sie genau eine Prüfung bzw. Klausur fest, deren Resultat darüber entscheidet, ob Sie entweder mit Ihrem Studiengang weitermachen oder den Umstieg in Form eines Fachwechsels oder Berufsstarts machen. Wohlgemerkt: eine bestimmte Klausur nicht irgendwann, sondern im aktuellen oder maximal im nächsten Semester.
- Reicht eine 4? Legen Sie die Note fest, die Sie erreichen sollten. Auch eine Kette von schwachen **Gerade so eben bestanden-Noten** ist in den meisten Studiengängen kritisch (außer vielleicht in den wenigen Studiengängen, in denen es tatsächlich nur ums Durchkommen geht). Ihre gesamte Leistungsbilanz wird eine Rolle spielen. Aber der Meilenstein ist der Tropfen, der das Fass zum Überlaufen bringt.
- Diese Prüfung sollte zu den schweren gehören. Wählen Sie die Modulabschlussprüfung, die Sie von Ihrer Semesterzahl her schon geschafft haben sollten und die Sie am meisten fürchten.
- Das Credit-Point-System hat den Charme, auch eine bestimmte Anzahl von Punkten zum Meilenstein machen zu können. Der Effekt ist der gleiche.
- Hüten Sie sich davor, es sich bei einem knappen Ergebnis anders zu überlegen. Nach einem weiteren Semester fangen die Zweifel und Grübeleien von Neuem an.

Schreiben Sie den Meilenstein auf ein Blatt Papier und legen Sie es in Ihren Schreibtisch. Dann haben Sie nicht die Chance, sich später selbst zu bemogeln.

Mit einem solchen Meilenstein haben Sie ein handfestes Mittel, den Zeitpunkt der Entscheidung nicht unnötig hinauszuzögern. Aber gönnen Sie sich auch den zeitlichen Spielraum. Solange der Meilenstein nicht erreicht ist, können Sie sich überflüssige Grübelei (soll ich – soll ich nicht) getrost ersparen.

Haben Sie Mitstudierende Ihres Vertrauens, gute Freunde, Partner bzw. Partnerin, Eltern? Es kann helfen, mit diesen zu sprechen und ausdrücklich über den gesetzten Meilenstein zu informieren. Mit diesem **Vertrag** erhöhen Sie die Stärke der Selbstkontrolle, da wir Vertrauenspersonen ungern enttäuschen.

3.2 Vermeiden Sie Informationsmüll

Jede Entscheidung erfordert eine Informationsbasis. Wir wollen wissen, wie es auf der einen Seite um die Vorteile oder den Nutzen und auf der anderen Seite um Aufwand, Kosten oder Nachteile bestellt ist. Bei der Entscheidung zwischen den Optionen Weitermachen, Fachwechsel oder Berufsstart gibt es vieles zu bedenken, zumal die Vermutung naheliegt, dass Sie bei Ihrer damaligen Studienentscheidung etwas Wichtiges übersehen haben.

Informationen gibt es heutzutage genug.[15] Das Internet weiß doch alles. Aber genau hier liegt das Problem. Die wenigen Fakten, die für Ihre Entscheidung den wesentlichen Unterschied ausmachen, sind oft genug unter Bergen von nicht relevanten Informationen verborgen.

---

[15] Ich lasse dabei außer Acht, dass Information genau genommen nicht das Gleiche ist wie nützliches Wissen. Eine Information ist erst dann für Sie nützliches Wissen, wenn sie in dem Zusammenhang Ihres Problems einen Unterschied ausmacht. Die Entfernung zwischen Berlin und Wernigerode ist erst dann für Sie nützliches Wissen, wenn Sie von Berlin nach Wernigerode reisen wollen.

Fünf Rezepte für Informationsmüll

Zur Illustration hier die schönsten fünf Rezepte dafür, wie man sich im Handumdrehen mit Informationen zumüllt.

[1] Fachausdrücke und komplizierte Beschreibungen klingen nach Expertentum, also sammeln Sie möglichst viel unverständliches Zeug.

[2] Dank Internet ist es in Mode gekommen, eine Information nicht auf der Seite des Urhebers (wie beispielsweise einer Hochschule), sondern auch auf zahllosen weiteren zu verbreiten. Dass letztlich alles auf der gleichen Datenbank beruht oder aus der gleichen Quelle stammt, wer merkt das schon? Also sammeln Sie so viel wie möglich Abgeschriebenes.

[3] Es war einmal üblich (nicht nur in Büchern und Zeitschriftenartikeln, sondern auch im Internet), immer ein Erscheinungsjahr bzw. einen Stand anzugeben – wie gesagt: es war. Also sammeln Sie einfach alles, egal wie veraltet und überholt es sein mag.

[4] Können Sie noch redaktionelle Artikel von Werbung unterscheiden? Ich nicht. Bei vielen Informationen, die scheinbar nur Ihre Aufklärung im Sinn haben, wird Ihnen unauffällig etwas verkauft. Ignorieren Sie die Absicht hinter der Information und sammeln Sie eifrig weiter.

[5] Auch zu Bildungsthemen gibt es Messen, obwohl es noch niemand geschafft hat, so wie bei Booten und Autos ein Studium auszustellen. Auf solchen Messen kann man Broschüren, Flyer, Prospekte usw. sammeln und eine große Tüte bekommt man gleich dazu. Wer hat schon vorher genau überlegt, welche Frage das Material beantworten soll? Also sammeln Sie ohne Ordnung und System, zu Hause werden Sie sowieso alles irgendwann in den Müll befördern.

Wenn Sie diese Ratschläge beherzigen, werden Sie es in kürzester Zeit schaffen, den Wald vor lauter Bäumen nicht mehr zu sehen. Seitdem wir dank Internet jederzeit beliebig große Informationsmengen abrufen können, ist die Gefahr groß, in der Informationsflut zu ertrinken. Wer hier nicht von Anfang an selektiv vorgeht, hat schnell verloren.

Fünf Rezepte für nützliche Informationen

Komplexe Entscheidungen wie die Wahl oder Beendigung eines Studiums werden erschwert durch die Ungewissheit über zukünftige Entwicklungen. Wenn Sie nicht einmal wissen können, wer im nächsten Semester die Klausurfragen im Fach soundso aussucht, wie können Sie dann wissen, wie Sie mit dem Thema Ihrer Bachelorarbeit zurechtkommen werden oder wie Ihre Abschlussnote sein wird. Kleinigkeiten (eine verspätete Bahn auf dem Weg zur Prüfung) können irgendwann später ungeahnte Folgen haben (schlechte Gesamtnote, Schwierigkeiten beim Berufseinstieg, Ihre Traumfrau sucht sich einen High Potential …). Zu dem Zeitpunkt, zu dem Sie über die Fortsetzung oder den Abbruch Ihres Studiengangs entscheiden wollen und müssen, können Sie nicht alle Folgen und Nebenfolgen vorhersehen. Es macht daher wenig Sinn, bei der Suche nach Informationen jedes Detail beachten zu wollen, in der Hoffnung, die Zukunft prognostizieren zu können.

> Wichtige, für den Lebenslauf bedeutsame Entscheidungen, die auf Vorhersagen der Zukunft beruhen, werden nicht besser, wenn wir möglichst viele Kriterien einkalkulieren wollen. Wir können zwar Informationen über alle möglichen Details sammeln, aber es nützt nichts: Die Entscheidungen werden keineswegs besser, sondern sogar schlechter. Gerd Gigerenzer zeigt dies anschaulich an dem Beispiel eines Vaters, der eine Schule für seinen Sprössling

auswählen will. Die Prognose wird schlechter, wenn Informationen über alle potenziellen Einflussfaktoren berücksichtigt werden, und sie wird besser, wenn nur nach einigen wenigen zentralen Kriterien (Unterrichtsausfall, Motivation der Lehrer, Ausstattung der Schule) entschieden wird. Da nicht jedes Detail bedacht werden kann, ist es besser, sich auf einige wenige Kernfaktoren zu konzentrieren. Gigerenzer spricht von einer **Take-the-Best-Heuristik**. Die Entscheidung wird nach dem einen ausschlaggebenden Grund getroffen und wenn zwei Optionen in diesem Punkt gleichwertig sind, wird nach dem nächstwichtigen Faktor entschieden usw.[16]

Unsere Aufmerksamkeit ist begrenzt! Sie ist ein knappes Gut[17] und bei der Suche nach Informationen müssen wir gut überlegen, wofür wir diese begrenzte Aufmerksamkeit einsetzen. Mit der Informationsbasis für Entscheidungen ist es wie mit der Ernährung. Es gilt nicht die Faustregel „Je mehr, desto besser." Es gibt so etwas wie ein Informationsoptimum: nicht zu viel und nicht zu wenig. Über das für Sie wichtigste und bei Bedarf das zweitwichtigste und drittwichtigste Kriterium müssen Sie sich genau informieren, aber Sie sollten sich nicht mit Details überfrachten.

Die Sucharbeit, die mit der Entscheidung für die Studienoptionen verbunden ist, kann Ihnen niemand ersparen. Aber es gibt Strategien, diese Suche effizienter zu gestalten und die Aufmerksamkeit auf die Suche nach nützlichen Hinweisen zu konzentrieren. Sie ergeben sich zum Teil (aber nicht ganz) aus dem Gegenteil der Rezepte für Informationsmüll. Noch bevor Sie Ihre knappe Aufmerksamkeit

---

[16] Gigerenzer 2008, S. 91f.

[17] Deshalb ist ja die Werbung an unserer Aufmerksamkeit so sehr interessiert, dass sie teure Spots in spannenden Filmen und in Formel-I-Rennen platzieren muss. Würden wir uns sonst immer wieder die gleiche Werbung für Artikel anschauen, die wir nicht brauchen?

opfern, um Informationen zu sammeln (zu notieren, zu speichern, abzuheften oder sonst irgendwie zu sichern), sollten Sie ein wenig Aufmerksamkeit auf Ihre Suchstrategie richten. Deshalb hier nun fünf Rezepte für die Suche nach nützlichen Informationen.

[1] Suchen Sie nur nach **aktuellen** Informationen. Dass veraltete Informationen wertlos sind und nur jeweils Aktuelles hilfreich sein kann, liegt auf der Hand. Wieso muss das hier ausdrücklich betont werden? Suchmaschinen wie Google schaffen es mühelos, Dateien (vor allem PDFs) anzubieten, die restlos überholt sind. Wenn Sie Glück haben, ist in der Datei ein Stand angegeben, wenn Sie Pech haben nicht. Jeweils aktuelle Informationen finden Sie, wenn Sie sich die Mühe machen, statt mit einer Suchmaschine auf den Seiten der jeweiligen Einrichtung (Hochschule, Unternehmen ...) der Systematik zu folgen, auch wenn diese manchmal schwer nachvollziehbar und die Suche dadurch mühsam ist.

[2] Suchen Sie nur Informationen **aus erster Hand**, die von der jeweiligen Einrichtung zur Verfügung gestellt werden. Fragen Sie sich bei jeder Information, wo sie herkommt und wer der Urheber ist. Lese ich das, was der ursprüngliche Verfasser geschrieben hat oder die x-te Version einer Zusammenfassung einer Zusammenfassung? Wenn Sie etwas über ein Zulassungsverfahren wissen wollen, fragen Sie die Zulassungsstelle der Hochschule und nicht ein Internetforum. Wenn Sie etwas über Pflicht- und Wahlmodule wissen wollen, schauen Sie in Ihren Modulplan, statt den Banknachbarn im Hörsaal zu fragen. Auch im Bereich der Beratungsstellen ist das Verdoppeln und Verdreifachen in Mode gekommen. Dem können Sie nur entgehen, indem Sie zuerst klären, welches denn eigentlich die für Ihre Frage zuständige Stelle ist. Dort bekommen Sie die Information aus erster Hand.

[3] Bleiben Sie skeptisch bei Informationen, hinter denen eine **unausgesprochene Absicht** steckt. Mit solchen Informationen – geschickt als Fakten getarnt – will irgendjemand Ihre Entscheidung beeinflussen. Eine Studienberatung einer privaten Hochschule ist nun einmal nicht das Gleiche wie eine Studienberatung an einer staatlichen Hochschule, obwohl in beiden Fällen der Name **Studienberatung** an der Tür steht. Fragen Sie sich, ob der Informant vielleicht eigene Zwecke haben könnte, die er hinter einer freundlichen Beratung versteckt.[18]

[4] Suchen Sie nur nach Informationen, die **relevant** sind. Sie stehen im Zusammenhang mit Ihren Entscheidungskriterien, das heißt, sie beantworten eine Frage, die Sie sich gestellt haben. Sie füllt vorhandene Informationslücken aus. **Relevant** setzt voraus, dass die Information verständlich für Sie ist und zu ihrem Vorwissen passt.

[5] Wenn Informationen zu einem Aha-Erlebnis führen, sind sie besonders hilfreich. Sie führen zu einem **Überraschungseffekt,** einer neuen Sichtweise. Solche Informationen beantworten nicht nur eine Frage, sondern sie helfen Ihnen, die richtigen Fragen oder neue Fragen zu stellen. Sie machen Sie insofern schlauer, weil Sie nach einem solchen Aha-Erlebnis die Zusammenhänge besser verstehen. Sie verändern also Ihre Sicht des Problems. Etwas, das Sie vorher nicht ausreichend bedacht haben, wird neu bewertet und ermöglicht Ihnen eine präzisere Formulierung Ihrer Entscheidungskriterien.

Die Informationssuche ist also mehr als nur ein **Einsammeln**. Eine Information, die nicht die ersten vier Kriterien erfüllt, können Sie getrost zum Informationsmüll zählen und ignorieren. Wenn die Information zusätzlich noch das fünfte

---

[18] Oder haben Sie gedacht, die Pharmaindustrie gäbe Milliarden aus, um Ärzte über ihre Produkte zu *informieren*, weil sie so gerne informiert?

Kriterium erfüllt, umso besser. Ihre knappe Aufmerksamkeit setzen Sie auf diese Weise gezielt wie einen Suchscheinwerfer ein.

3.3 Legen Sie Entscheidungskriterien fest

Warum Kriterien wichtig sind

Mit alltäglichen Entscheidungen haben wir in der Regel keine Probleme, weil wir **Erfahrungen** mit der Auswahl von Doseneintopf, Jeansmarken und Handys haben und deshalb wissen, ob ein Angebot gut für uns ist. Wenn wir oft genug reingefallen sind, werden wir nicht ein weiteres Mal eine vorschnelle Alltagsentscheidung treffen und die falsche Marke wählen. Erfahrungen reichen bei solchen Entscheidungen aus, um bewerten zu können, ob eine Wahl gut oder schlecht für uns ist.

Bei weit in die Zukunft reichenden (biographischen) Entscheidungen wie die Wahl des zukünftigen Studienwegs ist das leider nicht so einfach. Sie sind mehr oder weniger einmalig, denn wir wählen nicht alle Tage ein Studium, einen neuen Beruf, einen Wohnsitz oder ein Land, in dem wir leben und arbeiten wollen. Wir können mit solchen Entscheidungen nicht so lange Erfahrungen sammeln, bis wir aus unseren Fehlern genug gelernt haben, obwohl es Menschen gibt, die das einfach nicht glauben wollen. Fehlinvestitionen in das falsche Studium oder den falschen Berufsweg können teuer sein. Die Bewertung der Optionen erfolgt bei solchen Entscheidungen im Wesentlichen nicht aufgrund von Erfahrungen, sondern aufgrund Ihrer Entscheidungskriterien. Nur mit Hilfe Ihrer Kriterien können Sie einschätzen, ob die eine oder die andere Option Ihren Vorstellungen entspricht oder nicht.

▶ *Beispiel*

Es gibt in Deutschland laut Hochschulkompass[19] insgesamt 9.966 grundständige Studienangebote (Stand 01.05.2016). Kein Mensch könnte mit dieser Zahl potenzieller Optionen etwas anfangen, wenn er nicht von vornherein ein Kriterium für eine Vorauswahl hätte.

Wenn Sie im Hochschulkompass nur nach Studiengängen suchen, die mit Wirtschaft, Mathematik oder Geschichte zu tun haben oder die im Umkreis von 200 km angeboten werden, verringert sich die Zahl von 9.497 schon ganz erheblich. Hier dienen Kriterien einer ersten Eingrenzung. Für überschaubare Größenordnungen werden dann engere Kriterien nötig sein. Die Zahl der Studien- oder Berufsoptionen, über die Sie sich mit der nötigen Gründlichkeit informieren können, können Sie an einer Hand abzählen.

Formulieren Sie Ihre Kriterien

Ob Weitermachen, Fachwechsel oder ein Berufsstart für Sie das Beste ist, hängt also von Ihren Entscheidungskriterien ab. Aber Kriterien fallen nicht vom Himmel, sondern Sie müssen die Kriterien festlegen. Fortgeschrittene Stadien der Ratlosigkeit werden gerne mit dem Satz entschuldigt: „Ich weiß nicht, was ich will." Hier ist jemand auf dem besten Weg in eine mentale Sackgasse. Man kann nicht **wissen** was man will, sondern man muss es **festlegen**. Sich über seine Kriterien klar zu werden, ist meistens eine Menge Arbeit, vor allem dann, wenn man mehrere herausragende Begabungen oder keine herausragenden Bega-

[19] Der Hochschulkompass ist das offizielle Verzeichnis der Hochschulrektorenkonferenz aller Studiengänge in Deutschland: www.hochschulkompass.de

bungen hat. Mit den folgenden Hinweisen soll ein wenig Licht in das Dunkel des Themas Entscheidungskriterien gebracht werden.

> ▶ *Tipp*
>
> Suchen Sie nach positiven Auswahlkriterien.

Positive Kriterien weisen auf eine bestimmte Lösung hin und erleichtern die Entscheidung. Ausgeprägte Interessen, fachliche Fähigkeiten oder erwünschte Berufsziele sind Beispiele für solche positiven Kriterien. Sie **eröffnen einen Bereich von Möglichkeiten**. Negative Kriterien sind im Unterschied dazu **Einschränkungen**. Wenn Sie aufgrund Ihres Abiturnotendurchschnitts nur bestimmte Studiengänge realisieren können, schränkt das die Wahl ein, und zwar oft leider ganz erheblich. Solche negativen Kriterien gibt es leider viele: kein NC-Studiengang, kein Umzug in andere Hochschulstadt; kein Studium mit einer Arbeitsbelastung von mehr als 30 Stunden pro Woche; kein Studium, das das Latinum erfordert; kein Studium ohne berufliche Garantien; kein Berufsbild mit viel **Schreibtischarbeit** – die Liste können Sie beliebig verlängern. Die Faustformel ist einfach: Je mehr positive Präferenzen Sie haben, desto besser. Je mehr negative bzw. einschränkende Kriterien Sie haben, desto schwieriger wird eine Entscheidung, die Sie langfristig glücklich macht. Wenn Sie nur negative Kriterien anlegen, kommen Sie zwar auch zu einer eindeutigen Entscheidung und machen scheinbar alles richtig. Sie wählen, was übrig bleibt und wundern sich nach einigen Semestern über das, was Sie tun! Sie haben damit wahrscheinlich eine Option gewählt, die nur eine von mehreren schlechten Möglichkeiten darstellt.

> ▶ *Tipp*
>
> Bringen Sie intrinsische und extrinsische Motivation in ein angemessenes Verhältnis.

Sie sind immer dann intrinsisch motiviert, wenn die Tätigkeitsanreize **in der Tätigkeit selbst** liegen: Sport, Spiel, Flirten, Beschäftigung mit einem Neigungsfach usw. Wenn Sie etwas lernen, das Sie interessiert, nutzt sich die Motivation beim Lernen nicht ab oder nimmt eher noch zu. Sie lebt von der menschlichen Neugier. Menschen haben den Drang, ihre Umwelt zu erforschen. Bei extrinsischer Motivation liegt der Tätigkeitsanreiz in erwünschten **zukünftigen Folgen**: ein bestimmter Beruf, Status, Gehalt, Einfluss usw. Wenn Sie aufgrund extrinsischer Motivation lernen, müssen Sie sich durch Selbstkontrolle dazu zwingen zu lernen. Wenn die Selbstkontrolle nachlässt, hören Sie auf zu lernen.

Beide Arten von Motivation sind wichtig, aber in verschiedenen Hinsichten. Die intrinsische Motivation hilft durch den Alltag des Lernens. Sie brauchen weniger Selbstkontrolle und müssen sich nicht ständig zum Lernen zwingen. Extrinsische Motive wie Berufsziele, sozialer Status oder Einkommen steigern den subjektiven Wert des Studiums. Sie sind der Grund, warum Ihnen der Studienabschluss überhaupt wichtig ist.

Bei extrinsischer Motivation überwiegen Vernunftüberlegungen. Die Fortsetzung eines Studiums, an dem Sie das fachliche Interesse verloren haben, kann eine vernünftige Entscheidung sein. Gut für die intrinsische Motivation ist diese Wahl aber nicht. Die klassische Vernunftentscheidung ist die Wahl eines Studiengangs frei von jedem ernsthaften Interesse und nur aus beruflichen Gründen. Die Orientierung an einem vermeintlich attraktiven Beruf (Richter, Journalist,

Ingenieur, Lehrer, Manager ...) führt dann zur Wahl eines Studiums, das Sie nur mit viel Selbstkontrolle durchziehen können, und Sie sollten sich fragen, ob Sie ein solcher disziplinierter Lerner sind. Wenn Sie umgekehrt das Pech haben, sich für ein Studienfach zu interessieren, das beruflich schwer verwertbar ist, dann sollten Sie sich fragen, ob dieses Fach wirklich Ihre Herzensangelegenheit ist, die das berufliche Risiko wert ist.

Intrinsische Motivation ist zwangsläufig selbstbestimmt, denn niemand kann Ihnen vorschreiben, was Sie interessant finden sollen. Bei der extrinsischen Motivation, bei der ein Studium wegen der langfristigen Folgeanreize gewählt wird, ist das komplizierter. Sie kann selbst- oder fremdbestimmt (beeinflusst durch andere) sein. Ziele wie „Lehrer werden", „Ingenieur werden" oder „eine Ausbildung machen" können selbstgewählt sein oder auf Erwartungen anderer beruhen. Bei einer **fremdbestimmten extrinsischen** Motivation zu einem Studien- und Berufsweg, mit dem jemand hauptsächlich die Erwartungen seines sozialen Umfeldes erfüllen will, ist der Abbruch vorprogrammiert.

■ *Tipp*

Trennen Sie echte Interessen von *interessant finden.*

Einem echten Interesse wollen Sie um der Sache selbst willen nachgehen, weil Sie, wie im vorigen Absatz beschrieben, intrinsisch motiviert sind. Bei echtem Interesse nimmt die Motivation beim Lernen zu, es mobilisiert Energie. Nur interessant finden resultiert aus dem Reiz des Neuen und nutzt sich schnell ab. Interessant finden – das geht schnell: einen Studiengang interessant finden allein aufgrund des Namens und ohne die Inhalte zu kennen; Studiengänge, die angesagt sind und einen hohen Imagefaktor versprechen; Studiengänge, die so in die Breite gehen (**interdisziplinär, projektbezogen, interkulturell** etc.), dass man sie einfach interessant finden muss. Nicht alles, was man auch ganz interessant findet, muss man gleich als Studienfach wählen. Bücher über viele interessante Themen von Ägyptologie über Philosophie bis Völkerkunde kann man auch ganz entspannt in der Badewanne lesen.

▶ *Tipp*

Trennen Sie *rationale* Kriterien von *idealistischen* Wertungen.

Rationale Entscheidungskriterien beruhen auf Fakten. Gute Arbeitsmarktchancen sind ein Beispiel für solche rationalen Kriterien. Mathematische oder sprachliche Fähigkeiten, die Sie im Studium nutzen wollen, sind ebenfalls Fakten, die Sie schon an Ihren Schulnoten ablesen können. (Wenn Sie der Notenvergabe der Schule misstrauen, können Sie Studierfähigkeitstests hinzuziehen, die zumindest behaupten, eine Tatsachenbeschreibung zu liefern.) Einen sozial helfenden Beruf nach einem entsprechenden Studium ausüben zu wollen oder im Studium auf keinen Fall einem Versuchstier nahetreten zu wollen, ist eine Wertung, die Sie für sich vornehmen können, aber nicht müssen.

▶ *Tipp*

Beschreiben Sie Ihre positiven Kriterien so trennscharf wie möglich.

„Mit Menschen zu tun haben“ ist sehr vage und sagt nicht viel aus. Aber „Als Führungskraft ein Team leiten und für das Team die bestmögliche Arbeitssituation herstellen“ ist erheblich trennschärfer. Es lässt immerhin den Schluss zu, dass Betriebswirtschaftslehre als eine von mehreren Möglichkeiten in Betracht kommt. Oder das Beispiel, das im Moment die Runde macht: **Etwas mit Medien zu tun haben** kann alles bedeuten. Aber **als Redakteur im Printbereich Kulturthemen bearbeiten** lässt Rückschlüsse auf geeignete Studiengänge zu.

Abb. 3: Ein Beispiel für zunehmendes Eingrenzen von Studienoptionen durch immer trennschärfere Kriterien

Entscheiden Sie mit Intuition und Verstand

Bei komplexen Entscheidungen fällt der Vergleich von Vor- und Nachteilen schwer, weil mehrere Informationen unter mehreren Kriterien verglichen werden müssen. Dafür gibt es im Wesentlichen zwei Wege: den des Verstandes, also des rationalen Kalkulierens, und den der intuitiven Bevorzugung.

Intuitive Entscheidungsfindung

Dafür gibt es nicht wirklich eine Methode im engeren Sinne, allenfalls ein Rezept, das teilweise ein wenig esoterisch aussieht. Auf die Kernbestandteile beschränkt:

Tipp

- Schalten Sie Störungen aus.
- Vergessen Sie andere Personen, die Sie zu der einen oder anderen Lösung drängen.
- Gehen Sie im Geiste die Einzelheiten der Optionen durch.
- Warten Sie auf eine Empfindung (freudige Erregung, Unbehagen, Verkrampfung/Anspannung im Bauch oder Hals oder sonst wo, helles Licht, angenehme/unangenehme Töne oder Musik etc.).

Inwieweit man sich in ein solches Verfahren vertieft, ist sicherlich ein Typfrage. Intuition heißt jedenfalls nicht, sich vor ein Problem stellen und warten, bis einem die Lösung von selbst einfällt. Die intuitive Methode erfordert alle vorausgehenden Schritte der Entscheidungsfindung, die behandelt wurden: Umfang des Problems einschätzen; sich informieren über Vor- und Nachteile der Optionen; sich klar werden über seine Kriterien. Die Intuition ersetzt die Punktzahlen der rationalen Methode, aber befreit nicht von der mühsamen Recherchearbeit.

Experten für Bauchentscheidungen (wie der Psychologe G. Gigerenzer) weisen darauf hin, dass Bauchentscheidungen dann zu besseren Resultaten führen als rationale, alle Details einkalkulierende Entscheidungsmethoden, wenn der Betreffende langjährige Erfahrungen mit dem Problem hat (der Feuerwehrmann, der spürt, wann das brennende Haus zusammenkracht, ohne erst die Temperatur und die Restdicke der Balken messen zu müssen). Zwar können Sie nicht jahrelang Erfahrungen mit Fachwechseln oder Berufsstarts sammeln, aber Sie können ein Gefühl für etwas entwickeln, dessen Einzelheiten Sie vorher gründlich analysiert haben. Weniger Arbeit macht die intuitive Vorgehensweise also bestimmt nicht.

Rationale Entscheidungstechniken

Es gibt mehrere Entscheidungstechniken, darunter recht einfache, wie eine Plus-Minus-Liste oder ein Verzweigungsbaum, und kompliziertere, wie eine gewichtete Entscheidungsmatrix. Wie diese funktioniert, soll das folgende Beispiel für die Entscheidung über einen Fachwechsel zeigen.

Kriterium	Gewichtung	akt. Stg.	x %	Germanistik	x %	Lehramt	x %
fachliches Interesse	30%	1	0,3	3	0,9	1	0,3
berufliche Planbarkeit	20%	2	0,4	2	0,4	3	0,6
Tätigkeit im Ausland	10%	1	0,1	3	0,3	1	0,1
kurze „Restlaufzeit"	40%	3	1,2	1	0,1	1	0,1
Summe	100%		2,0		1,7		1,1

Abb. 4: Beispiel für eine gewichtete Entscheidungsmatrix

Bei diesem Beispiel wird der aktuelle Studiengang (akt. Stg.) mit zwei Alternativen verglichen. Eine kurze Bedienungsanleitung:

- In der linken Spalte listen Sie die Kriterien auf, die bei der Wahl der Option für Sie eine Rolle spielen. Formulieren Sie Ihre Kriterien positiv nach dem Prinzip: Je mehr das Kriterium erfüllt ist, desto besser.
- Vergeben Sie Pluspunkte von 1 (Kriterium nur wenig erfüllt) bis 3 (Kriterium optimal erfüllt). Beim aktuellen Studiengang wäre z.B. nur noch eine vergleichsweise kürzere Zeit bis zum Abschluss nötig, wofür er 3 Pluspunkte erhält.
- Dann müssen die Punkte mit dem Anteil der Gewichtung multipliziert werden (Spalte x %). Werden z. B. die 3 Punkte für das fachliche Interesse an Germanistik mit 30% multipliziert, kommt der Wert 0,9 dabei heraus.
- Sie brauchen nur noch die nach Anteilen gewichteter Punktzahlen zu addieren und sehen, welcher Studiengang die meisten Punkte hat. Bei unserem Beispiel spricht das Ergebnis für die Fortsetzung des bisherigen Studiengangs.

Rationale Entscheidungsmethoden sind besonders in der Berufswelt beliebt, da man damit sehr schön die Entscheidung vor anderen vertretbar machen kann. Die Entscheidung wird mit der größeren Zahl von Punkten begründet. Der Entscheider kann ruhig schlafen, geht nämlich doch etwas schief, ist er entschuldigt. Er hat nach der Sachlage in der Situation richtig entschieden, niemand kann ihm einen Vorwurf machen. Aber muss man Entscheidungen wie eine Studienwahl, die Berufswahl oder über einen Abbruch gegenüber irgendjemandem begründen? Sie werden sagen „Ja“, nämlich zumindest vor sich selbst und möglicherweise auch vor anderen (Freunde, Eltern, Partner etc.). Aber auch die rationale Entscheidungsfindung ist nicht so rational wie es scheint. Die Formulierung der Kriterien und ihre Gewichtung beruhen auf Schätzungen und Einschätzungen. Insofern spielt auch bei diesem Verfahren, besonders bei einem knappen Ergebnis, letztlich Ihre Gesamteinschätzung – Ihr gutes Gefühl bei der einen oder anderen Lösung – eine wichtige Rolle.

Trotzdem ist eine solche rationale Methode aus zwei Gründen sinnvoll: Erstens werden Sie beim Ausfüllen der Felder feststellen, ob Sie Informationslücken oder Blindstellen haben. Und zweitens erreichen Sie im Verlauf des Ausfüllens einen Überblick und eine Systematik, die die Gesamteinschätzung erleichtert. Es mag ein wenig paradox klingen, aber die gründliche Erstellung einer Entscheidungsmatrix führt durch die konzentrierte Beschäftigung mit den Kriterien häufig **von selbst** (eben intuitiv) zu einer Entscheidung.

Was Sie bevorzugen, ist eine Typfrage, aber vielleicht probieren Sie einfach beides aus. Vieles spricht für den Standpunkt, dass beide Wege wichtig sind. Eine weitreichende biographische Entscheidung kann man weder mit nur dem Verstand allein noch mit der Intuition allein treffen. Von einem **Zahlenspiel**, vor allem wenn es knapp ausfällt, sollten Sie jedenfalls nicht Ihre Zukunft abhängig machen, wenn Sie nicht auch ein gutes Gefühl bei der Entscheidung haben. Und die Intuition lässt Sie definitiv im Stich, wenn Sie sich nicht die Mühe gemacht haben, sich intensiv mit der Komplexität der drei Lösungen Ihrer Studienkrise zu beschäftigen.

4 Bleiben Sie dran

4.1 Die Lösung für alle, die ihr Studium wieder in den Griff bekommen wollen

Die Fortsetzung des bisherigen Studiums ist die Lösung für alle, die

- nicht mit den fachlichen, sondern mit den allgemeinen Anforderungen eines Studiums überfordert sind;
- die Umstellung von der angeleiteten Arbeitssituation in der Schule zu der eigenverantwortlichen Arbeitssituation in der Hochschule noch nicht hinbekommen haben;
- die Einführungen zu Studienbeginn verpasst oder aufgrund irgendwelcher Umstände während des Studiums den Anschluss verloren haben und dies aufholen wollen.

Der Kandidat für diese Lösung der Studienkrise ist ein wenig chaotisch und schlecht organisiert. Er ist fachlich nicht überfordert, das hat seine Einschätzung des Problems ergeben. Aber aus irgendeinem Grund ist er mit seinem Studium im Rückstand; er tritt mit seinen Studienleistungen ziemlich auf der Stelle. Vielleicht hat er einfach die Einführungsveranstaltungen oder die Anmeldung zu Einführungsseminaren verpasst, was bekanntlich vielen passiert. Alles war neu, alles machte man zum ersten Mal – also in der Regel nicht sonderlich effizient. Möglicherweise beruhen die Probleme darauf, dass er die mentale Umstellung auf den **Lernbetrieb Hochschule** noch nicht hinbekommen hat. Um alles muss man sich selber kümmern, niemand ist da, der einem sagt, was man konkret tun muss. Vielleicht hat er aber auch das Studium lange Zeit nicht ernst genommen und will das jetzt ändern.

Der wichtige Punkt ist: Unser Kandidat ist nach wie vor davon überzeugt, dass seine Studienwahl grundsätzlich in Ordnung war. Der Studiengang ist inhaltlich bzw. fachlich im Wesentlichen so, wie er es sich zu Studienbeginn vorgestellt hat. Seine Leistungsbilanz ist schlecht, aber nicht katastrophal. Zwar gibt es trockene Pflichtgebiete, durch die man einfach durch muss. Trotzdem ist der Studiengang nicht völlig anders, als er erwartet hat. Der Studiengang hat auch seine interessanten Seiten, zumindest in den Wahlfächern, die er sich aussuchen will oder schon begonnen hat.

Unser Kandidat hat eher Schwierigkeiten, sein Studium selbständig zu organisieren. Er ist nicht fachlich überfordert, sondern mit der Notwendigkeit, das Lernen diszipliniert und effizient zu organisieren. Meistens fängt er erst am (späten) Nachmittag mit dem Lernen an. Seine Ordnersysteme auf der Festplatte und im Bücherregal haben eins gemeinsam: Sie sind von der Chaostheorie inspiriert. Lernstoff zu gliedern, hat er nicht gelernt, weil in der Schule alles locker von selbst von der Hand ging, außer vielleicht im Abitur, da hätte er einiges besser machen können. Im Sommersemester lässt er auch schon mal eine Vorlesung ausfallen, weil niemand weiß, wie lange das schöne Wetter noch anhält. Vielleicht hat er aber auch nicht genug Zeit fürs Studium, weil der Nebenjob zwar attraktiv und gut bezahlt ist, aber leider mitten in der besten Vorlesungszeit liegt.

Häufig (wenn auch nicht immer) ist der Planlose in einer paradoxen Situation. Er ist zugleich unter- und überfordert. Unterfordert, was das Fachliche betrifft und überfordert, was Selbstkontrolle und Durchhaltevermögen betrifft. Hier ist die Überforderung gemeint, die vorliegt, wenn er weniger schafft, als eigentlich seinen fachlichen Fähigkeiten entspräche. Zu viel Lernstoff und zu viele Prüfungen einerseits, zu wenig Ordnung, zu wenig Lerndisziplin andererseits. Wer bisher alles locker hingekriegt hat, sieht keine Notwendigkeit, den Arbeitstag gut einzuteilen – zumindest nicht, bis irgendwann das Kind in den Brunnen gefallen ist. Und so bleiben auch Unterforderte häufig weit unter ihrem Leistungsniveau.

Kommt Ihnen der ideale Kandidat irgendwie bekannt vor? Trifft die Beschreibung auf Sie zu, zumindest in wesentlichen Punkten? Dann lesen Sie in den folgenden Abschnitten, was auf Sie zukommt, wenn Sie sich für diese Lösung entscheiden. Die Zweifel und die Schwierigkeiten oder gar Anzeichen von Stress kommen ja irgendwoher. Sie verschwinden nicht von selbst, allein durch gute Vorsätze. Weitermachen scheint (zunächst) die einfachste Lösung zu sein. Aber wenn die Ursachen der Probleme nicht beseitigt werden, kommen sie wieder. Das erfordert, sich **an den eigenen Haaren aus dem Sumpf zu ziehen**. Weil Sie Ihr **Verhalten** ändern müssen, ist diese Option alles andere als einfach. Falls Sie das nicht glauben, denken Sie daran, ob es einfach ist, nicht mehr zu rauchen (oder wenigstens das Rauchen einzuschränken). Wie viele Zeitgenossen nehmen sich immer wieder vor, sich gesund zu ernähren oder regelmäßig Sport zu treiben. Gute Vorsätze darüber, was man alles ab morgen besser machen will, sind nicht das Problem. Die meisten Menschen machen das jedes Jahr zu Silvester und manche noch viel öfter. Das Problem ist, die guten Vorsätze auch in die Tat umzusetzen.

Es geht bei dieser Lösung darum, ein festgefahrenes Studium wieder flott zu bekommen, also um das berühmte **die Kurve kriegen**. Häufig ist der Auslöser ein einschneidendes Ereignis, das Ihre Sicht der Dinge und **Ihre Einstellung zum Studium** verändert hat. Das kann ein Gespräch mit einem Menschen sein, das Sie beeindruckt hat. Es kann ein Ereignis sein, das Sie zum Umdenken bringt; eine Erfahrung, die etwas in Ihnen auslöst; ein sportlicher Erfolg, der Ihnen Selbstbewusstsein gibt. Vielleicht hat es ein solches prägendes Ereignis bei Ihnen noch nicht gegeben, aber Ihr Unbehagen über den Studienverlauf ist so groß, dass Sie sicher sind, in dem alten Trott nicht mehr weitermachen zu wollen. Dann führen Sie ein auslösendes Initialereignis herbei. Sprechen Sie mit Menschen Ihres Vertrauens; legen Sie sich gegenüber anderen (Eltern, Freunde, Partner etc.) fest; gehen Sie zur Studienberatung; entwickeln Sie eine Perspektive – lösen Sie selbst den inneren Ruck aus. Sie brauchen diesen Wendepunkt, der Ihnen sagt, warum ab morgen Ihre Zielstrebigkeit und Ihr Studierverhalten anders sein werden.

Wenn Sie sich schon in einem hohen Fachsemester (mehr als die Hälfte der Regelstudienzeit), befinden, sollten Sie die Option Weitermachen nur wählen, wenn Ihre Leistungsbilanz (→ Kapitel 2.2) nicht allzu katastrophal ausgefallen ist und eine realistische Abschlussplanung vorliegt. Ihr Zeitplan mit den noch bis zum vollständigen Abschluss zu erbringenden Leistungen sollte den Ausschlag geben. Einkalkulieren müssen Sie auch unangenehme prüfungsrelevante Fragen:

- Wie oft musste und muss ich noch in den zweiten oder gar letzten Versuch?
- Liegen noch besonders schwierige Module oder schwierige Prüfer vor mir?
- Wie lange habe ich noch Prüfungsanspruch?
- Falls Sie ein sogenanntes Maluspunktekonto (wie bei Wirtschaftswissenschaften) beim Prüfungsamt haben: Wie oft darf ich noch durchfallen? Habe ich genug Reserven für die zweite Hälfte des Studiums?

Wenn die für den Abschluss des Studiums ermittelte Semesterzahl für Sie vertretbar ist, dann sollten Sie sich darum kümmern, effizienter zu studieren. **Studienerfolg** ist aber ein komplexes System mit vielen Faktoren, die voneinander abhängen. Es reicht nicht, wenn Sie sich nur um einen Teil des Systems kümmern und die anderen Faktoren vernachlässigen. Beispielsweise nützt es wenig, wenn Sie sich um effiziente Lerntechniken kümmern, aber irgendwann feststellen, dass Sie keine langfristige Zielvorstellung haben, die Ihnen sagt, was Sie mit der Lernerei eigentlich erreichen wollen. Die folgenden Abschnitte werden sich vor allem damit befassen, was Sie tun können, um Ihren Studienerfolg zu steigern.

4.2 Zielstrebigkeit setzt Ziele voraus

Ziele verleihen unserem Handeln Orientierung und Bedeutung. Ziele verhindern, dass wir etwas völlig Unsinniges oder gar nichts tun. Wer eine klare Entscheidung für ein Ziel getroffen hat, weiß **was** er tun sollte (Orientierung) und **warum** er es tut (Bedeutung). Ziele stärken unsere Überzeugung von der Sinnhaftigkeit der Arbeit, die wir investieren, und Menschen tun nun einmal lieber etwas Sinnvolles als etwas Stupides.[20]

Perspektivlosigkeit im Studium ist eine schleichende Krankheit. Zu Beginn eines Studiums in den ersten Wochen des ersten Semesters dominieren Enthusiasmus und der Reiz eines neuen Lebensabschnitts. Wenn Sie Ihre Studienfächer grundsätzlich interessant finden, bleibt diese Motivation eine Weile erhalten. Aber wenn an der Stelle, wo im Lebensentwurf berufliche und persönliche Ziele stehen sollten, eine Leerstelle ist, führt das im Laufe des Studiums zu Motivations- und Orientierungsproblemen. Wenn Sie Ihr Studium wieder in den Griff bekommen wollen, müssen Sie sich zuerst darüber klar werden, welches Ziel Sie **mit** dem Studium[21] verfolgen.

---

[20] Ausführlich und illustrativ bei Mihaly Csikszentmihalyi 1997, S. 162ff.

[21] Dass Sie das Ziel haben, den Abschluss zu machen, ist klar. Die Frage war, welches Ziel Sie mit dem Abschluss verfolgen.

Persönliche Ziele (Freunde haben, Flugschein machen, einen Hund haben wollen, in Patagonien leben etc.) und berufliche Ziele (Arzt werden, eine sinnerfüllte Arbeit tun, als Vermieter von Wohnmobilen in Patagonien arbeiten) stehen in engem Zusammenhang. Die beruflichen Ziele des Studiums sollten Sie bei der Verwirklichung Ihrer persönlichen Ziele voranbringen. Zwar ist es in dem Alter, in dem man ein Studium wählt, nicht einfach, sich seiner persönlichen und beruflichen Ziele ganz sicher zu sein. Da Sie aber mit einem Studium wesentliche Weichen stellen, können Sie der Frage nicht ausweichen. Ob Sie wollen oder nicht: Sie bewegen sich mit dem Studium in eine Richtung und es wäre gut, wenn die Zielrichtung Ihren Wünschen entspricht und nicht auf Zufall beruht.

Studiengänge unterscheiden sich sehr in ihrem Berufsbezug. Auf der einen Seite des Kontinuums steht die Gruppe von Studiengängen mit einer eindeutigen beruflichen Koppelung. Wenn Ihr Studium einen solchen eindeutigen Berufsbezug und ein finales Berufsziel hat, war Ihre Studienwahl automatisch auch eine Berufswahl. Wenn Sie Medizin studieren, wollen Sie wahrscheinlich Arzt werden. Wenn Sie ein Lehramtsstudium absolvieren, haben Sie sich mit dem Berufsbild Lehrer identifiziert oder Sie haben etwas falsch gemacht. Und wenn Sie Jura studieren, erwerben Sie die „Befähigung zum Richteramt".[22] Ihr Abschluss **berechtigt** dazu, den betreffenden Beruf (genauer gesagt: den jeweiligen medizinischen, schulischen oder juristischen Vorbereitungsdienst) auszuüben.[23] Jede bestandene Klausur und jedes erfolgreiche Semester bringt Sie Ihrem langfristigen Ziel ein Stück näher. Das stärkt Ihr Durchhaltevermögen, zumindest solange

---

[22] Für alle Nicht-Juristen: So wird die Qualifikation gerne genannt, auch wenn der Betreffende gar nicht das Ziel oder die Chance hat, Richter zu werden; klingt aber irgendwie gut.

[23] Was nicht bedeutet, dass Sie Garantien haben, diesen Beruf tatsächlich ausüben zu können. Bei Juristen beispielsweise gibt es hohe Zugangshürden durch Anforderungen an die Examensnoten, bei Lehrern einen Zyklus von Lehrermangel und Stellenknappheit.

sich Ihre beruflichen Vorstellungen nicht grundlegend ändern. Genau das kann aber das Problem sein. Ihre Berufsziele können sich geändert haben.

▶ *Tipp*

Nehmen Sie Ihre Studienkrise zum Anlass, um zu überprüfen, ob dieses feststehende Berufsziel für Sie noch die Bedeutung und die Sinnhaftigkeit hat, von der Sie bei der Studienwahl ausgegangen sind. Machen Sie ein Praktikum in dem einschlägigen Praxisbereich (Krankenhaus, Rechtsanwalt, Behörde, Schule – je nachdem). Überzeugen Sie sich davon, dass Sie noch auf dem richtigen Weg sind.

Ganz anders ist die Situation am anderen Ende des Kontinuums, nämlich bei beruflich offenen Studiengängen. Wenn Ihr Studium keinen definierten Berufsbezug hat oder wenn Berufsziele bei Ihrer Studienwahl keine konkrete Rolle spielten, machen sich spätestens nach einigen Semestern Orientierungsdefizite bemerkbar. Bei Weitem nicht alle Studiengänge **berechtigen** zu irgendetwas. Studiengänge wie Germanistik, Sozialwissenschaften oder Volkswirtschaftslehre, ja selbst Medienwissenschaften, Pädagogik oder Fremdsprachliche Kommunikation (die Liste ließe sich beliebig verlängern) bereiten nicht auf ein konkret definiertes Berufsbild vor. In solchen Fällen macht es (im Unterschied zur vorigen Gruppe von Studiengängen) wenig Sinn zu fragen, „Welche Berufsperspektive bietet das Studium?“ Eine Berufsperspektive ist keine feststehende Eigenschaft dieser Studiengänge, sondern eine individuelle (persönliche) Angelegenheit. Die angemessene Frage wäre also „Welche Berufsperspektive kann ich mir auf der Basis des Studiums aufbauen?“

Sie sollten also nicht die Hände in den Schoß legen und auf Ihr Glück vertrauen. Dem Glück müssen Sie nachhelfen. Was Sie für sich entwickeln müssen, ist eine Perspektive im Sinne einer Zielrichtung bzw. einer beruflichen Strategie. Sie müssen sich festlegen, damit Sie zwischen sinnvoller Gestaltung des Studiums und Zeitverschwendung unterscheiden können. Für die Arbeitsmarktchancen ist es nicht gerade förderlich, nur die Mindestanforderungen des Studienplans erfüllt zu haben. Ein Studienverlauf belegt erst dann Ihr persönliches Engagement, wenn Sie Gestaltungsspielräume auch im Hinblick auf berufliche und persönliche Ziele genutzt haben. Ihre Berufsstrategie sagt Ihnen, welches Praktikum, welches Auslandssemester, welches Wahlfach oder welche freiwillige Zusatzqualifikation für Sie die bessere Wahl darstellt. Die Nutzung von Gestaltungsspielräumen ist keineswegs ein Luxus für Überflieger. Sie ist ein Qualitätskriterium, durch das sich ein erfolgreiches von einem 08/15-Studium abhebt.

In berufsfernen Studiengängen mit hohem Überangebot an Absolventen wird der Einstieg in die Berufswelt in geringem Maße vom Studienabschluss und in hohem Maße von berufspraktischen Qualifikationen abhängen, die in Praktika, Nebenjobs oder freier Mitarbeiterschaft erworben wurden. Solche Praxiserfahrungen sind hier wichtig, nicht nur um sich von der Attraktivität eines gegebenen Berufsfelds zu überzeugen (wie im Fall der beruflich gekoppelten Studiengänge), sondern um überhaupt eine persönliche Berufsstrategie aufzubauen. Sie helfen dabei,

- berufliche Ziele zu entwickeln und zu profilieren und verstärken die Motivation, den eingeschlagenen Weg fortzusetzen;
- informelle Abläufe in der Arbeitswelt verstehen zu lernen;
- berufspraktische Kompetenzen wie Kommunikationsstärke, organisatorische Fähigkeiten, Zuverlässigkeit usw. zu entwickeln;
- Kontakte zu potenziellen Arbeitgebern aufzubauen.

▶ *Tipp*

An allen Hochschulen gibt es einen Career-Service, der Sie bei der Suche nach Praktikumsstellen unterstützt und Ihnen auch sagen kann, ob es an Ihrer Fakultät oder in Ihrem Fachbereich studentische Praxisinitiativen gibt.

Eine gute Orientierung bei der Entwicklung beruflicher Strategien liefern auch die Spezialisierungsmöglichkeiten Ihres Studiengangs. Untersuchen Sie seine Wahlfächer und Schwerpunktoptionen. Die stehen im Zweifelsfall in der Prüfungsordnung und weitere Details sollte Ihre Fachberatung erläutern können. Fragen Sie sich: Was sind die für mich interessanten Spezialisierungs- und Anwendungsmöglichkeiten meines Studiengangs und was bedeuten sie für meine Perspektive? Aus Wirtschaftswissenschaft wird dann Messewirtschaft oder Verhaltensökonomik; aus Rechtswissenschaft wird Medienrecht oder Luft- und Weltraumrecht; aus Biologie wird Neurobiologie oder Bioinformatik. Wenn Sie noch in den allgemeinen, manchmal langweiligen Pflichtbereichen der Anfangssemester stecken, haben Sie möglicherweise bei der Suche nach einer Zielrichtung diese Fundgrube für Anregungen bisher übersehen.

Wenn Sie die klassische Recherche bevorzugen, dann sollten Sie den umfangreichen Informationsapparat der Berufsinformationszentren (BIZ) der Arbeitsagentur nutzen.

▶ *Tipp*

Wenn Sie ein Berufsinformationszentrum aufsuchen möchten, finden Sie die Adressen unter www.arbeitsagentur.de, dort unter dem Stichwort

„Institutionen“. Bevorzugen Sie möglichst ein BIZ in einer größeren Hochschulstadt und nicht in Ihrem Heimatort im Bayerischen Wald.

Eine systematische und gründliche Recherche von potenziellen Berufsbildern ist auch online möglich.

▶ *Tipp*

Ein Besuch bei 🖱 berufenet.arbeitsagentur.de lohnt. Die Seiten erfordern allerdings Geduld. Nützliche Hinweise sind in einer wahren Informationsflut versteckt. Unter anderem finden sich unter → Informationsquellen Ansprechpartner und Informationen aus der Berufswelt (Berufsverbände, Dachverbände, Organisationen, Zeitschriften etc.). Gerade solche Möglichkeiten, mit den Menschen zu sprechen, von denen Sie irgendwann eingestellt werden wollen, sind sehr empfehlenswert.

Nur wenn Sie sich über Ihre langfristigen Ziele im Klaren sind, verfügen Sie über eine Grundlage für Ihre Studienplanung und einen Maßstab für Fortschritte. Wenn Sie jede bestandene Prüfung als Schritt auf dem Weg zu diesem Ziel erleben, haben Sie immer vor Augen, dass sich die Arbeit für Sie lohnt.

4.3 Nutzen Sie Ihre Zeit

Eine klare Vorstellung von den Zielen, die Sie mit dem Studium verfolgen, stärkt Ihre Überzeugung, dass Ihr Studium etwas für Sie Wichtiges und Sinnvolles ist. Sie wissen dadurch, was Sie tun sollten. Aber tun Sie es auch tatsächlich? Letztlich ist ein Berufsziel und jede langfristige Zukunftsvorstellung eine extrinsische Motivation, die nicht automatisch bewirkt, dass Sie sich tagtäglich problemlos zur Arbeit aufraffen können. Kein Studium besteht nur aus interessanten Teilgebieten, bei denen Sie intrinsisch motiviert sind. Ihr Studium enthält auch Pflichtbereiche, durch die Sie sich kämpfen müssen. Das Problem dabei ist, dass Sie immer glauben, Sie hätten noch Zeit.

Die Prüfungs- bzw. Klausurphasen stehen weitgehend fest und selbst die genauen Prüfungstermine sind meistens schon zu Beginn des Semesters bekannt. Was machen Sie? Wahrscheinlich nichts. Sie nehmen sich vor, sechs Wochen vor der Prüfung mit dem Lernen zu beginnen. Sechs Wochen vor dem Termin beschließen Sie, dass fünf Wochen Lernen auch reichen, dann vier Wochen und so fort. Aufschieben der Lernarbeit ist besonders im Studium ein Problem.[24] Der Attraktivitätsvorteil von Kino, Party oder Freibad ist so groß, dass das Lernen verschoben wird. Irgendwann ist das schlechte Gewissen (die Angst durchzufallen) größer als die natürliche Verhaltensträgheit und Sie beginnen zu lernen. Aber leider liegt dieser Zeitpunkt stets später als Ihrem Studium guttut.

Vermeiden Sie gute Vorsätze

Natürlich: An guten Vorsätzen mangelt es nicht. Hier ein paar Kostproben:

> „Ich werde mir meine Zeit einteilen. Ich will meine Zeit nicht vertrödeln, nicht mehr aufschieben und früher mit dem Lernen anfangen ..."

[24] Ein so großes Problem, dass in Amerika dafür die schöne Bezeichnung *Studentensyndrom* kreiert wurde.

Die meisten Studierenden haben Zeitmanagement probiert und nach drei Tagen wieder sein gelassen. Zeitmanagement kostet zunächst einmal Zeit, bevor man Zeit damit spart. Es macht Arbeit. Und wenn Ihr Problem ohnehin schon darin besteht, dass Sie nicht sonderlich effektiv arbeiten, dann wird der zusätzliche Aufwand für das Zeitplanbuch ganz rasch wieder eingespart, bevor er noch Früchte trägt.

> „Ab morgen habe ich Willensstärke. Ab morgen wird mehr gelernt, ich muss nur durchhalten …"

Sich vorzunehmen, Willensstärke haben zu wollen, ist ungefähr so komisch, wie jemanden aufzufordern, sofort mal spontan zu sein oder jetzt nicht an einen rosafarbenen Gorilla zu denken.

> „Ich muss mein Studium besser organisieren, Termine einhalten und Ordnung halten …"

Wieso sollte über Nacht aus einem unordentlichen, aber wenigstens sympathischen Chaoten ein ordnungsliebender Musterknabe werden?

> „Mit etwas Selbstüberwindung wird es besser laufen."

Wollen Sie wirklich Ihr **Selbst** überwinden? Das dürfte kaum möglich sein. Besser Sie denken darüber nach, wie Sie Ihre Selbstkontrolle verbessern können.

Diese typischen guten Vorsätze haben zwar einen wahren Kern. Nicht der Inhalt der guten Vorsätze ist falsch. Falsch ist der Glaube, es würde genügen, sich vorzusagen, ab morgen wäre alles anders. Mit Selbstvorwürfen („Ich bin faul. Ich muss mich mehr anstrengen …") erreichen Sie nur, dass Sie sich jedes Mal schlechter fühlen, wenn Sie Ihre guten Vorsätze nicht eingehalten haben. Gute Vorsätze sind schnell gefasst und genauso schnell vergessen. Sie bewirken keine Änderung des Verhaltens und schon gar nicht eine langfristige Verbesserung. Gute Vorsätze allein sind Zeitverschwendung.

Die Sache mit der Selbstkontrolle

Heißt das, wir sind unseren momentanen Launen ausgeliefert? Die Willensstärke haben leider immer nur die anderen? Und wenn Lernen gerade keinen **Spaß** macht, dann können wir nichts tun außer resignieren? Die Welt ist nicht nur schwarz oder weiß und natürlich können Sie Ihr Verhalten ändern, aber nur schrittweise und nicht indem Sie erwarten, von heute auf morgen hätten Sie die perfekte Selbstdisziplin eines buddhistischen Mönchs bei seinen Zen-Übungen.

> Selbstkontrolle ist wie ein **Muskel**, der erschöpfen kann und zu bestimmten Tageszeiten mehr oder weniger leistet. Dieser Muskel ist für alles zuständig, was irgendeine Form von Selbstbeherrschung erfordert: Widerstand gegen Versuchungen wie Rauchen, Alkohol oder Süßigkeiten; im Seminar nichts Dummes sagen; sich zum Weiterarbeiten zwingen und selbst das Aufschieben eines Toilettengangs[25] – alles erschöpft die gleiche Willensressource. Die

[25] Ja tatsächlich, alles empirisch untersucht: Baumeister, Roy F. 2012, S. 113

> Selbstkontrolle unterliegt auch dem Biorhythmus: Sind wir zu bestimmten Tageszeiten leistungsfähig, können wir uns zu diesen Zeiten auch selbst besser kontrollieren.

Studienerfolg hängt nicht nur von IQ und fachlichen Begabungen ab, sondern mindestens in gleichem Maße vom Durchhaltevermögen. Wenn Sie in der Schulzeit die Anforderungen des Unterrichts mühelos und ohne großen Lernaufwand erfüllten, haben Sie zwar den Schulabschluss geschafft und das womöglich mit passablen Noten. Was Sie dafür aber nicht brauchten, ist Ausdauer und das darauf basierende Arbeitsverhalten. Die brauchten Sie – zunächst – nicht. Sie wurden in der Schule nicht so gefordert, dass Sie diese Fähigkeiten gründlich erlernen mussten. Auch die Ausrede „Ich kann eben nur unter Druck lernen" kann über eines nicht hinwegtäuschen: Sie bleiben damit hinter Ihrem fachlichen Potenzial zurück. Dann bleibt nur die Wahl zwischen Aufgeben oder dem verspäteten und mühsamen Training des Arbeitsverhaltens.

Fangen Sie einfach an

Wahrscheinlich haben Sie sich schon oft vorgenommen, mit dem Lernen früher anzufangen. Aber komischerweise fiel Ihnen auf dem Weg zum Schreibtisch ein, dass Sie noch eben die Zeitung lesen, Mails abrufen oder kurz mit Freund oder Freundin telefonieren müssen. Das Lernen wird immer wieder aufgeschoben und stattdessen wird nur noch eben dies oder jenes erledigt. Es sind nicht einmal nur besonders angenehme Freizeitbeschäftigungen, die Sie vom Lernen abhalten. Oft sind es eher lästige Arbeiten wie Staubsaugen oder Einkaufen. Solche Ersatzaktivitäten verringern den Handlungsdruck und erleichtern kurzfristig.

▶ *Tipp*

Machen Sie sich klar: Ersatzaktivitäten sind nichts anderes als **Ausreden** für das Aufschieben des Lernens.

Das Unbehagen und das schlechte Gewissen steigen weiter, weil der Berg Lernstoff nicht kleiner, die verbleibende Lernzeit aber kürzer wird. Irgendwann ist der größere Teil Ihrer Aufmerksamkeit in der Vergangenheit bei dem unerledigten Pensum statt bei der anstehenden Prüfung selbst.

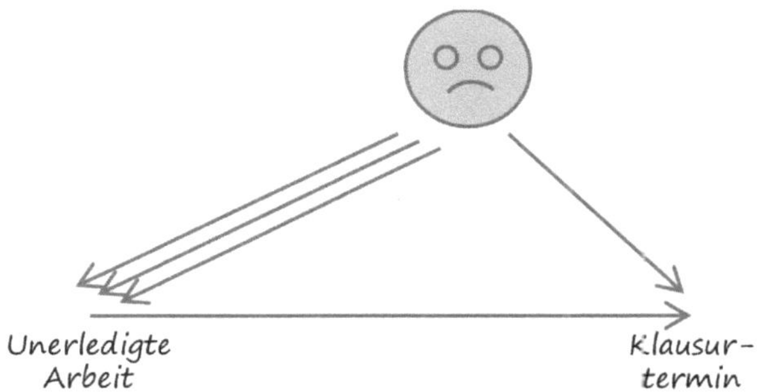

Abb. 5: Der Sog der unerledigten Arbeit

Wieso fällt es uns leicht, statt der Lernarbeit Dinge zu tun, die auch nicht wirklich angenehmer sind als Lernen, wie z.B. aufräumen, putzen oder leere Flaschen zum Glascontainer bringen? Ersatzaktivitäten sind sehr beliebt, weil sie das Gefühl vermitteln, etwas erledigt zu haben, ja manchmal sogar etwas **Gutes** getan zu haben. Sie konnten gar nicht anders, als für die alte Dame im 3. Stock Einkaufstüten die Treppen hochzuschleppen, auch wenn Sie eigentlich zu der Zeit schon hätten lernen sollen. Ersatzaktivitäten vermitteln rasch ein positives Feedback. Das befriedigende Gefühl, etwas geschafft zu haben, liegt beim Lernen in weiter Ferne: in ein paar Wochen (der Klausurtermin) und letztlich sogar in ein paar Semestern (der Studienabschluss). Beim Lernen steht vorher fest, dass Sie am Ende des Tages nicht fertig sein werden. Schon wenn Sie anfangen, wissen Sie, dass es am nächsten Tag mit dem Lernen weitergehen wird. Genau darüber sollten Sie aber in diesen Momenten nicht nachdenken. Hier hilft das **Einfach-anfangen-Programm**. Wenn Sie Ihr Lernprogramm einhalten und das Aufschieben vermeiden wollen, dann ist entscheidend, den Gedanken an Ersatzaktivitäten gar nicht erst entstehen zu lassen.

▶ *Tipp*

Wenn Sie erst lange nachdenken („Soll ich …?“ oder „Soll ich nicht …?“) haben Sie den Kampf schon verloren. Der fatale Ablauf hat zwei Teile:

Teil 1: „Es ist 10 Uhr, Zeit zu lernen!“;

Teil 2 folgt sogleich: „Lernen ist anstrengend und dauert lange. Was könnte ich noch schnell vorher erledigen?“

Konzentrieren Sie sich auf Teil 1 und blenden Sie Teil 2 aus. Wenn Sie denken „Es ist Zeit zu lernen!“, dann gehen Sie an Ihren Schreibtisch und lernen. Fangen Sie sofort mit der geplanten Arbeit an und denken nicht weiter nach, denn der nächste Gedanke wird sein „Vorher könnte ich noch eben …“. Schon hätten die Ersatzaktivitäten Sie wieder im Griff.

Beobachten Sie sich selbst: Immer wenn Sie für das Studium lernen sollten und nur noch schnell etwas anderes erledigen wollen, ist der kritische

Punkt erreicht. Statt „Nur noch schnell …" (einkaufen, putzen, telefonieren, jemandem einen Gefallen tun etc.) handeln Sie und lernen.

Wichtig ist, dass Sie Ihre Selbstkontrolle dafür einsetzen, die Gedanken an das Ausweichen und an irgendwelche Gründe für ein Aufschieben des Lernens nicht zuzulassen. Stattdessen konzentrieren Sie Ihre Gedanken auf die nächste **Aktion** zum Lernen hin (Aufstehen, zum Schreibtisch gehen, ein Buch in die Hand nehmen, einfach anfangen). Sofort anfangen heißt sofort und nicht noch schnell etwas anderes tun.

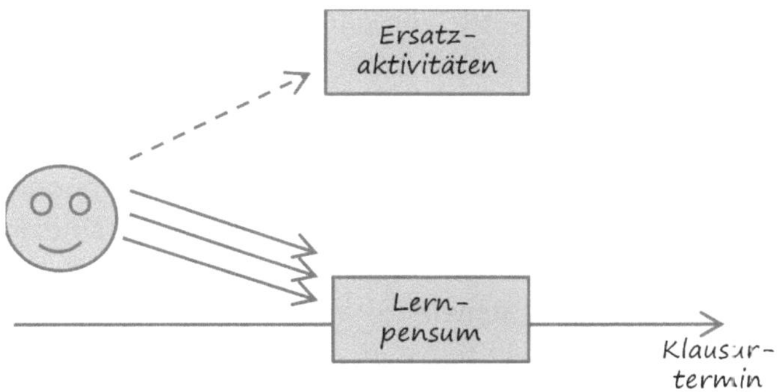

Abb. 6: Ersatzaktivitäten vermeiden

Legen Sie Ihre Übungen im Vermeiden von Ersatzaktivitäten bevorzugt auf die Zeiten, in denen Sie fit sind und nicht schon für anderes viel Selbstkontrolle verbraucht haben. Wenn Sie nach einem ohnehin schon anstrengenden Tag noch versuchen, sich zu konzentriertem Arbeiten zu zwingen, werden Sie dabei viel mehr Selbstkontrolle verbrauchen als morgens, wenn Selbstkontrolle nur für Aufstehen und Zähneputzen verbraucht wurde.

Der Nutzen von neuen Gewohnheiten

Wie alles Neue hat es seinen Reiz, Ersatzaktivitäten bewusst auszuschalten. Am Anfang wird es funktionieren, aber wie lange? Wann kommt der Rückfall in die schlechten Gewohnheiten? Den ersten und wichtigsten Schritt zu einem konsequenteren Arbeitsverhalten haben Sie geschafft: Sie haben die Erfahrung gemacht, dass Sie durch Ihr Handeln etwas bewirken können und dass Sie nicht dem kleinen Kind in Ihnen ausgeliefert sind, das jetzt gerne sofort etwas Angenehmes will, nur nicht arbeiten.

Neues Arbeitsverhalten muss zu einer Routine, einer **positiven Gewohnheit**, werden. Routinen sind antrainierte Verhaltensmuster, die im Alltag entlasten. Wer schon x-mal ein Fahrrad repariert hat (oder um ein für Hochschulstädte typischeres Beispiel zu nehmen: geklaut hat), muss nicht jedes Mal überlegen, wie und wo er das anstellt. Der Vorgang wird automatisiert und kann ohne Überwindung in Gang gesetzt werden. Hinzu kommt: Anstrengendes oder Unangenehmes ist weniger schlimm, wenn wir daran gewöhnt sind. In zugefrorene Seen springen, 42.195 Kilometer weit laufen oder vor 500 Zuhörern einen Vortrag halten – das ist alles nicht schwierig, wenn man es schon oft gemacht hat. Die Ersatzaktivitäten, die sich wie selbstverständlich vor den Lernstart schieben, sind bezeichnenderweise alltägliche Dinge, die zwar nicht sonderlich angenehm sind, an die Sie aber gewöhnt sind wie an Zähneputzen. Diese Leichtigkeit durch Routinen können Sie sich beim regelmäßigen Lernen zunutze machen.

▶ *Tipp*

Mit Hilfe von Routinen müssen Sie weniger Selbstkontrolle aufwenden, um das Lernen sofort zu beginnen. Sie konditionieren sich selbst: Frühstück – Schreibtisch – Lernen.[26]

Routinen sind die Fortsetzung des **Einfach-anfangen-Programms**. Wenn Sie das neue Arbeitsverhalten, das spontane sofortige Anfangen mit dem Lernen und das Vermeiden von Ersatzaktivitäten, so lange durchhalten, bis Sie es fest in Ihren Studienalltag eingebaut haben, dann haben Sie gewonnen. Ihr Lernverhalten wird konstanter und weniger abhängig von Ihrer aktuellen Laune.

Anfangs sollten Sie sich nicht zu viel zumuten. Wenn negatives Arbeitsverhalten Ihr großes Problem ist, dann versuchen Sie besser nicht, von heute auf morgen auf 100 Prozent umschalten zu wollen. Gehen Sie in kleinen Schritten vor. Wählen Sie zwei oder drei Prüfungen, die schwierig und dringlich sind.

▶ *Tipp*

Konzentrieren Sie Ihre Bemühungen um besseres Arbeitsverhalten auf die Vorbereitung dieser Prüfungen, auch wenn es weniger sind, als Sie absolvieren sollten. Das Erfolgserlebnis, diese Prüfungen mit guten Noten zu bestehen, wird Ihre neuen, positiven Arbeitsgewohnheiten verstärken.

Haben Sie erst einmal Routine im Durchziehen eines geplanten Lernprogramms, werden Sie es im nächsten Semester schaffen, das volle Programm zu bewältigen.

---

[26] Es darf auch eine andere Mahlzeit sein – Hauptsache, es ist ein fixer Startpunkt.

Konzentration

Der Einsatz von Arbeitszeit sagt nichts über die Effizienz des Arbeitens aus. Nur wer auch konzentriert arbeitet, ist auch effizient. Konzentration stellt sich im Idealfall von selbst ein, wenn der Lernstoff interessant genug ist, so dass die Arbeit wenig Selbstkontrolle erfordert. Da erfahrungsgemäß nicht alle Prüfer so rücksichtsvoll sind, nur solchermaßen idealen Lernstoff abzufragen, müssen Sie oft der Konzentration ein wenig nachhelfen und auf äußere und innere Voraussetzungen der Konzentration achten.

Äußere Voraussetzungen meint das Ausschließen von Störungen.

▶ *Tipp*

Schalten Sie Ihr Handy, den Fernseher und das Radio aus und versuchen Sie, soweit möglich, sicherzustellen, dass kein Besucher Sie unterbricht.

Um auch die inneren Voraussetzungen der Konzentration herzustellen, sollten Sie alle Assoziationen, die negative Emotionen auslösen, vermeiden. Lassen Sie keine Gedanken zu, die sich um Studienkrise, Prüfungsstress, Durchfallen oder Zeitdruck drehen.

▶ *Tipp*

Denken Sie an das Fach, das Thema, den Prüfungsstoff und die Vorstellung, wie es sein wird, wenn Sie die Prüfung erfolgreich hinter sich gebracht haben.

Wenn Sie konzentriert sind, wird Ihre Selbstkontrolle stärker sein als die großen und kleinen Ablenkungen. Zu den inneren Voraussetzung gehört auch entspannt sein. Wenn Sorgen (BAföG gestrichen, Auto kaputt etc.) oder der Gedanke an die Fußballübertragung in drei Stunden Ihren Kopf ausfüllen, ist das schlecht für die Konzentration. Wenn Sie angespannt sind, hilft ein Spaziergang oder Sport.

Mit Konzentration bei der Sache zu sein, erfordert die Berücksichtigung der Tageszeiten, an denen Sie leistungsfähig sind. Die meisten Menschen können zwischen 10 und 12 Uhr vormittags und zwischen 14 und 16 Uhr nachmittags produktiver und konzentrierter einer Arbeit nachgehen als zu anderen Zeiten. Die biologische Leistungskurve ist wenig variabel. Nur bei wenigen Menschen liegen die Leistungshochs früher oder später. Wenn Sie feststellen, dass Sie regelmäßig erst am späten Nachmittag mit dem Lernen beginnen und dann bis spät in die Nacht hinein lernen, arbeiten Sie nicht auf Ihrem höchsten Leistungslevel. Wahrscheinlich liegt das weniger daran, dass Sie ein Nachtmensch sind, sondern daran, dass Sie das Lernen über den Tag hinweg aufgeschoben haben.

▶ *Tipp*

Beobachten Sie sich selbst und probieren Sie aus, ob Ihre Aufnahmefähigkeit vormittags und am späten Nachmittag höher ist als zu anderen Zeiten. Passen Sie Ihre Tagesplanung diesen Schwankungen an und legen Sie einfachere Arbeiten, die weniger Konzentration erfordern, auf die Zeiten der Leistungstiefs.

Konzentriertes Arbeiten geht besser, wenn Sie in Ihren Tagesplan mehrstündige Blöcke ungestörten Lernens einbauen. Wenn Lehrveranstaltungen das an bestimmten Vor- oder Nachmittagen nicht zulassen, nutzen Sie diese Zeiten an anderen Tagen für solche Phasen intensiven Arbeitens. In diese Lernblöcke legen Sie alles, was besonders anspruchsvoll ist und hohe Konzentration erfordert. Es dauert eine Weile, bis Sie in ein schwieriges Thema hineinfinden. So wie Ihr Computer beim Booten einige Zeit braucht, um alle Programme in den Arbeitsspeicher zu laden[27], muss Ihr Gehirn die Zusammenhänge eines Themas in das Bewusstsein schieben, bevor es mit dem Lernstoff etwas anfangen kann. Wenn die vorgesehene Lernzeit dann schon endet, laufen Sie gar nicht erst zur Höchstform auf.

▶ *Tipp*

Sorgen Sie dafür, dass Störungen in diesen Zeitblöcken ausgeschlossen sind (Handy aus, Radio ebenfalls aus und Fernsehen sowieso, keine Mails nachschauen, Zettel an die Tür „Lerne gerade", Freunde über diese Zeiten informieren usw.).

Kurze (!) Pausen während dieser intensiven Lernphasen, nach denen Sie rasch wieder in den Lernstoff hineinfinden, sind nicht nur erlaubt, sondern auch notwendig.

---

[27] Wenn Sie Windows benutzen, wissen Sie was ich meine.

Semester-, Wochen- und Tagespläne

Ihre Zeit ist definitiv begrenzt. Der Tag hat 24 Stunden und die Woche 7 Tage, das steht fest und daran ändert das schönste Zeitmanagement nichts. Aber mit etwas Zeitplanung können Sie erreichen, dass Sie einen größeren Teil dieser Zeit für das Lernen nutzen. Viele Normalstudenten kommen anfangs mit einer intuitiven Ad-hoc-Zeitplanung über die Runden. Bei einer Ad-hoc-Zeitplanung lernen Sie, wenn Sie Lust haben, und Sie lernen nicht, wenn Sie keine Lust haben. Das hat in der Schulzeit meistens ausgereicht. Das funktioniert auch im Studium, solange die Anforderungen noch nicht allzu hoch sind. Aber wenn die Gründe für Ihren Leistungsrückstand im Studium in einer wenig effizienten Studierweise liegen, dann zahlt es sich aus, etwas Zeit in die Zeitplanung zu investieren. Mit Zeitplanung beugen Sie Zeitdruck und damit Stresssymptomen vor. Die Zeitspanne bis zur Prüfung oder bis zum Abgabetermin eines Referats nutzen Sie nicht nur im letzten Drittel, sondern komplett.

Tipp

Zeitmanagement bedeutet Struktur in den Tagesablauf zu bringen:

- Prioritäten setzen und Wichtiges (für Prüfungen lernen) von Unwichtigem (Alltagserledigungen, Ablenkungen) unterscheiden. Was wichtig ist, hängt ab von den Semesterzielen und den Prüfungen, die Sie in dem jeweiligen Semester schaffen wollen.

Für Wichtiges **prominente** Zeitfenster vorsehen, weniger Wichtiges dazwischenschieben und Zeitdiebe (Fernsehen, Verquatschen) vermeiden. Für Privates wie Mails, Telefonieren, Sport oder Einkaufen sollten Sie feste und begrenzte Zeiten vorsehen und diese einhalten.

- Die für das Lernen zur Verfügung stehende Zeit ermitteln und in Plänen festlegen, also Arbeitszeiten in langfristige, mittelfristige und kurzfristige Zeitpläne (für das Semester, die Woche und für den Tag) packen.

Semesterplan

Erstellen Sie einen Plan für das vor Ihnen liegende Semester. Legen Sie Ihre Semesterziele fest und entscheiden Sie, welche Module und Modulprüfungen Sie absolvieren wollen. Wichtiger als der vorgegebene Studienplan ist das Kriterium der Auslastung. Sie sollten sich weder über- noch unterfordern. Der Semesterplan enthält Ihre Kalkulation dessen, was Sie bei realistischer Einschätzung bewältigen können. Besser weniger Prüfungen und diese mit gutem Erfolg als sich verzetteln. Diese Semesterziele sind Ihr Maßstab für Ihre eigene Erfolgskontrolle.

Tipp

Erstellen Sie einen Semesterplan:

- Schreiben Sie das Ganze in eine Word- oder Excel-Tabelle, in jeder Zeile eine Lehrveranstaltung und Spalten mit Veranstaltungsnummer, Dozent, Thema usw.[28]
- Notieren Sie bei den Übungen/Seminaren auch Form und Umfang der Prüfung (z.B. Klausur, 60 Minuten; Referat oder Hausarbeit, ca. 10 Seiten; mündliche Prüfung, 20 Minuten).

---

[28] Früher musste jeder Studierende einen *Belegbogen* von Hand ausfüllen, heute übernimmt das an vielen Hochschulen die EDV. Erstellen Sie trotzdem zusätzlich manuell Ihren Semesterplan.

- Hängen Sie einen Ausdruck an Ihre Pinnwand oder legen Sie ihn gut sichtbar auf Ihren Schreibtisch.
- Kümmern Sie sich frühzeitig auch um An- und Abmeldefristen zu Prüfungen. Falls Sie im laufenden Semester feststellen, dass Sie sich übernommen haben, sehen Sie auf einen Blick, wann die Entscheidung über eine Abmeldung zu treffen ist. Schreiben Sie diese Fristen in eine weitere Spalte Ihrer Tabelle.

Der Semesterplan wird die gleiche positive Wirkung haben wie die Ziele des Studiums im Ganzen, um die es im → Abschnitt 4.2 ging. Es verstärkt Ihr Durchhaltevermögen, die Semesterziele vor Augen zu haben und konkret zu wissen, worauf Sie hinarbeiten. Das Semester, das Sie so geplant und dann erfolgreich absolviert haben, ist dann nicht mehr irgendein Semester, sondern einer von sechs oder acht Schritten zu Ihrem Studienabschluss.

Wochenplan

Erstellen Sie einen Plan für Ihre Arbeitswoche. Für die Vorlesungszeit ist ungefähr die Hälfte Ihrer Zeit sowieso durch Lehrveranstaltungen festgelegt. Schreiben Sie diese Lehrveranstaltungen in eine Tabelle mit Uhrzeiten im Stundenrhythmus in der ersten Spalte und allen sieben Wochentagen in der obersten Zeile. Wenn es aussieht wie ein Stundenplan in der Schule, dann haben Sie alles richtig gemacht. Ein 60-minütiges Raster für jede Zeile dient der Übersichtlichkeit. Bei Lehrveranstaltungen mit vom Raster abweichenden Anfangszeiten tragen Sie die genaue Zeit in die jeweilige Zelle ein. Kopieren Sie den Plan mit den feststehenden Zeiten 12 oder 13 mal, für jede Semesterwoche ein Exemplar.

Tipp

Erstellen Sie einen Wochenplan:

- Nehmen Sie jeden Sonntagabend oder Montagmorgen eine dieser Kopien und erstellen Sie einen Plan für die kommende Woche. In die disponiblen Zeitfenstern (vor, nach und zwischen Lehrveranstaltungen) tragen Sie Lern- und Arbeitszeiten ein sowie alle zu diesem Zeitpunkt feststehenden Termine (in die Sprechstunde des Profs gehen, Arztbesuch usw.).
- In die größeren Zeitblöcke sollten Sie die Arbeiten legen, die Priorität haben, und sicherstellen, dass Sie sich dann an Ihrem bevorzugten Arbeitsplatz für anspruchsvolle, konzentrierte Arbeiten (Prüfungsvorbereitung, schwierige Aufgaben Referate/Hausarbeiten etc.) befinden.
- Soweit die feststehenden Zeiten das zulassen, planen Sie für anspruchsvolle Lernarbeiten die Zeiten ein, zu denen Ihr Biorhythmus hohe Leistungs- und Aufnahmefähigkeit bereitstellt. Gehen Sie davon aus, dass Ihre Leistungskurve nur etwa sechs Stunden am Tag wirklich auf hohem Niveau liegt. Da lohnt es sich, darauf zu achten, was man in diese Zeiten legt.

Der Samstag und der Sonntag sollten auch auftauchen. Der Samstag deshalb, weil Sie am Samstag möglicherweise lernen wollen oder müssen. Und der Sonntag deshalb, weil Sie vielleicht ausnahmsweise lernen müssen. Wenn nicht, umso besser. Erholungszeiten müssen sein. Dann bleibt der Sonntag und ggf. der Samstag einfach leer. Gleiches gilt für arbeitsfreie Abende, falls Sie welche haben. Ihre Freizeitbeschäftigungen (auch wenn diese wie Sport, Schach oder zur

Freundin/zum Freund fahren regelmäßig sind) gehören nicht in Ihren Wochenplan, die Zellen der Tabelle bleiben einfach leer. Der Grund ist ganz einfach, dass der Wochenplan ein **Arbeitsplan** sein soll. Auch wenn viele Zeitmanagement-Anleitungen gnadenlos 7-mal pro Woche 24 Stunden verplanen, ist Büffeln für Statistik etwas anderes als Entspannen, und dass Sie nachts (meistens) schlafen, wissen Sie auch ohne Zeitmanagement.

Tagesplan

Erstellen Sie am Abend einen Plan für den nächsten Tag. Dem Wochenplan entsprechend liegt einiges fest (Lehrveranstaltungen, Lerngruppen u.Ä.), anderes ist verplanbare Zeit. Der Tagesplan sollte relativ präzise sein, was die notierten Zeiten betrifft. Aber ganz wichtig: Planen Sie großzügig Zeitpuffer ein für unvorhergesehene, möglicherweise wichtige Ereignisse (Dozent in der Cafeteria getroffen und er hatte doch tatsächlich Zeit für Sie).

Warum brauchen Sie separate Tagespläne, wenn es sich doch dabei um die Spalten aus dem Wochenplan handelt, die Sie nur aus dem Wochenplan herauskopieren müssten? Aus zwei Gründen sollten Sie diese aber in eine separate Tagesplan-Tabelle übertragen und bearbeiten.

Tipp

Erstellen Sie einen Tagesplan:

- Der Tagesplan sollte wesentlich präziser als der Wochenplan sein, da Sie am Vorabend genauer wissen, was wann im Laufe des nächsten Tages auf Sie zukommt und welche Zeiten für das Lernen bleiben. Der Wochenplan ist ein vergleichsweise grober und nicht immer aktueller

Überblick. Der Tagesplan enthält Pausen, **genaue Zeiten für die Lernarbeiten mit Priorität** und Zeiten für weniger wichtige alltägliche Erledigungen wie Einkaufen und Staubsaugen.

- In den Tagesplan sollten Sie eine separate Spalte aufnehmen, in der Sie nachträglich protokollieren, was Sie tatsächlich gemacht haben. Durch solche **Tagesprotokolle** halten Sie fest, wie viele Stunden außerhalb der Lehrveranstaltungen Sie effektiv gelernt haben. (Es wird wahrscheinlich weniger sein, als Sie geglaubt haben.)

Solange Ihr Arbeitsverhalten und Ihr Durchhaltevermögen noch nicht so sind, wie sie sein sollten, wird Ihnen dieses Mittel der Selbstkontrolle nützlich sein. Ihren Tagesplan können Sie am Abend mit dem Tagesprotokoll vergleichen und erkennen, was Sie mit Ihrer Zeit tatsächlich gemacht haben. Durch diesen Abgleich von **geplant** und **tatsächlich gemacht** kommen Sie zu realistischeren Plänen. Wenn es dann tatsächlich einmal zeitlich ganz eng wird, können Sie darauf vertrauen, dass Ihr Zeitplan für die Prüfungsvorbereitung einigermaßen stimmt.

Der Aufwand ist anfangs hoch, aber er zahlt sich aus. Durch das Einhalten regelmäßiger Lern- und Arbeitszeiten konditionieren Sie sich selbst und Sie bauen die positiven Routinen auf, deren Vorteile oben erläutert wurden.

4.4 Lernen Sie effizienter

Lerntechniken

Der schönste Zeitplan nützt nichts, wenn Sie die Zeit nicht effizient nutzen. Eine Stunde lernen kann viel oder wenig Ertrag bringen, je nachdem wie Sie lernen.

Es gibt nicht die einzig richtige Lerntechnik für alle Fächer und nicht alle Studierenden lernen optimal mit der gleichen Methode. Aber wie die meisten Studierenden müssen Sie wahrscheinlich große Textmengen mit komplexen Informationen durcharbeiten und möglichst viel davon behalten. Die hilfreichsten Techniken dafür sind die folgenden.

Aktives Lesen

Sie können Studientexte lesen wie eine Zeitung oder gründlich. Was Sie in der Zeitung lesen, ist kaum für das Behalten bestimmt. Sie lesen einen Artikel eher passiv und danach den nächsten Artikel auf die gleiche Weise. Alles, was nicht zufällig Ihre Aufmerksamkeit weckt, ist nach dem Frühstück schon vergessen. Wenn Sie auf diese Weise Lehrbücher lesen, dürfen Sie sich nicht wundern, wenn Sie nichts behalten. Sie sparen viel Zeit und Arbeit, wenn Sie gleich beim ersten Lesen Ihre Aufmerksamkeit auf das richten, was für Ihr Lernziel wichtig ist und den Text entsprechend bearbeiten.

Tipp

- Behalten Sie die Struktur des Textes im Blick. Verschaffen Sie sich als erstes durch das Inhaltsverzeichnis einen Überblick über Inhalt und Aufbau des Textes. Für spezifische Zwecke (Klausurvorbereitung, Referat/Hausarbeit erstellen, Vorbereitung einer Seminar-/Übungssitzung etc.) teilen Sie den Inhalt nach den von Ihnen selbst entwickelten Gliederungspunkten ein.
- Markieren Sie Wichtiges mit Textmarker (wenn es kein geliehenes Buch ist, versteht sich). Aber bitte nicht so, dass sich nach und nach eine weiße Seite in eine gelbe Seite verwandelt. Markieren Sie nur die Stichwort, die

in den Aussagen stehen, die im Rahmen der Gliederungsstruktur zentrale Bedeutung haben. Wenn Sie irgendwann das Thema im Griff haben, ist Ihnen bei dem Stichwort auch der Zusammenhang (also die komplette Aussage) präsent. Markieren Sie ganze Sätze nur ausnahmsweise, wenn es sich um eine zentrale These handelt.

- Entwickeln Sie Ehrgeiz darin, die Ränder der Seiten in Besitz zu nehmen: Ein „?“ für Unklarheiten, ein „!“ für Wichtiges, notieren Sie Stichworte und Gliederungspunkte, Funktion des Absatzes im Gesamttext, Erklärungen von Fremdwörtern und Fachbegriffen, Querverweise auf andere Texte oder Bücher und alles was sonst noch über das Gelesene gesagt werden kann.

Was Sie so gelesen haben, bleibt besser in Ihrem Gedächtnis. Bei sehr abstrakten oder komplexen Zusammenhängen, die nicht beim ersten Lesen verständlich sind und mehrfach gelesen werden müssen, laufen die nächsten Durchgänge deutlich rationeller ab.

Strukturierte Zusammenfassungen

Eine strukturierte Zusammenfassung, manchmal nicht ganz zutreffend Exzerpt genannt, hat den Sinn, Ihnen das Wiederholen und Einprägen von Lernstoff zu erleichtern. Sie können sich nicht 500 Seiten einprägen, wohl aber eine fünfseitige Zusammenfassung. Die Kunst ist es, den Ausgangstext auf einen Bruchteil der ursprünglichen Seitenzahl zu kondensieren.

▶ *Tipp*

Wenn Sie beim aktiven Lesen gründlich gearbeitet haben, ergibt sich die Zusammenfassung fast von selbst. Sie sollten differenziert gliedern, viele Gliederungspunkte auf mehreren Ebenen haben und jeweils unter jeder Überschrift nur einige wenige Kernaussagen schreiben.

Besonders bei Prüfungsvorbereitungen unter Zeitdruck werden die Zusammenfassungen Ihnen nützlich sein. Bei der Wiederholung des Stoffes arbeiten Sie dann nur noch (oder zumindest weitgehend) mit Ihrer Zusammenfassung. Was Sie selbst gelesen, strukturiert, zusammengefasst und aufgeschrieben haben, wird Ihr Langzeitgedächtnis beim Wiederholen viel schneller aufnehmen.

Mindmaps

Mit einer Mindmap können Sie komplexe Zusammenhänge visualisieren und übersichtlich darstellen. Grundsätzlich eignet sich diese Methode, wenn Sie ein Problem lösen wollen. Sie erleichtert auch die Analyse und Strukturierung von komplexem Lernstoff. Beginnen Sie mit einem Stichwort, dass das zentrale Thema oder die Kernfrage repräsentiert. An die Hauptäste kommen wichtige Oberbegriffe (Ursachen/Wirkungen, Zweck-Mittel-Beziehungen, Voraussetzungen, Bedingungen, Folgen, Vorteile, Nachteile, Forschungsergebnisse, Vermutungen usw.). Die Oberbegriffe werden dann Schritt für Schritt weiter differenziert. Hier ein einfaches Beispiel:

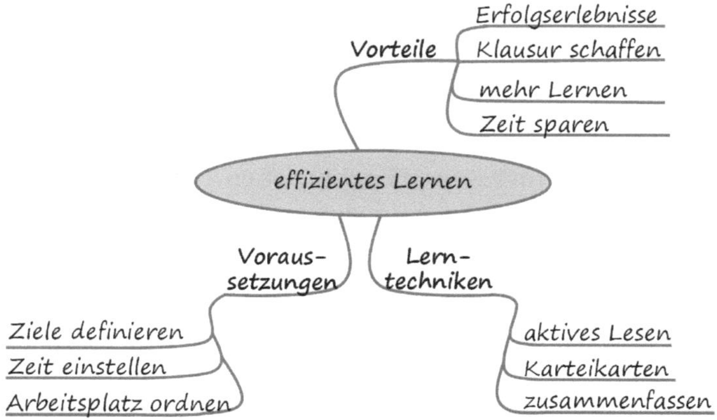

Abb. 7: Beispiel für eine einfache Mindmap

Verwenden Sie möglichst wie bei einer Gliederung Substantive oder Halbsätze, aber keine ganzen Sätze, das wäre verwirrend. Zusammengehörendes kommt an einen Ast oder an nebeneinanderliegende Äste; Gegensätzliches an möglichst weit auseinanderliegende Äste. Sie können Symbole (Unklarheiten: ?; Betonungen: !; Vorteile: +; Symbole für Risiken oder Erfreuliches …) und Farben verwenden. Wenn das Gerüst steht, können Sie Verbindungspfeile zwischen den Ästen oder Kommentare einfügen, je nachdem, was noch wichtig ist. Die **traditionelle** Methode auf einem großen (DIN-A3) Blatt Papier mit dicken Filzstiften ist förderlich für die Kreativität und (beim Lernen) für das Einprägen. Es gibt aber auch entsprechende PC-Programme (auch als Freeware), die den Vorteil bieten, bei umfangreichen Visualisierungen am nächsten Tag an der Mindmap weiterarbeiten zu können.

Karteikarten

Während Mindmaps Sie bei anspruchsvoller Denkarbeit unterstützen, empfehlen sich für das Auswendiglernen nach wie vor die guten alten Karteikarten. Auch sture **Büffelei** müssen Sie bisweilen bewältigen, wenn Sie beispielsweise Definitionen, Vokabeln, Formeln und Ähnliches in das Langzeitgedächtnis aufnehmen müssen. Sie können echte Karteikarten verwenden, die Sie flexibel in Ihre Aktentasche stecken können. Wenn Sie sowieso Ihr Notebook immer mitnehmen, bietet sich ein entsprechendes Programm an.

Hören, sehen, reden …

Viele Lernratgeber empfehlen Ihnen, zunächst zu testen, welcher Lerntyp Sie sind oder welchen Lernstil Sie bevorzugen. Die Einteilungen sind aber leider nicht einheitlich. Es gibt in der Lernpsychologie zahllose Modellvorstellungen (Fachleute schätzen ca. 80!) für Lernstile. Die Einteilung der Lerntypen ist ebenfalls verwirrend, da neben auditiven, visuellen und haptischen Lernern (den Sinneskanälen folgend) auch verbal-abstrakte, kommunikative oder kognitive Lerner existieren sollen. Abgesehen davon, dass Sie sich dem Lehrbetrieb anpassen müssen (und nicht umgekehrt), können Sie davon ausgehen, dass kognitive und verbal-abstrakte Fähigkeiten im Studium immer eine Rolle spielen. Also alles überflüssig?

Nicht ganz. Je mehr Sinneskanäle Sie an Ihrem Lernprozess beteiligen, desto intensiver und nachhaltiger prägt sich Wissen ein. Einige Beispiele: Wenn Sie in der Vorlesung zuhören (auditiv) und dabei eine gut gegliederte Mitschrift (mit Absätzen, Überschriften, Einrückungen, Unterstreichungen usw.) anfertigen, ist auch Ihr visueller Kanal beteiligt. Wenn Sie beim Lernen viel Lesen müssen und anschließend eine Zusammenfassung in Form einer Mindmap anfertigen, dann sind das zusätzliche visuelle und (bei Verwendung von Papier und dicken Filzstiften) haptische Anreize. Besonders förderlich für das Lernen ist die Verbalisierung des Stoffes in einer Lerngruppe. Wenn Sie in der Lern-AG Ihre Erinnerung durchforsten und Gelerntes verbal wiedergeben, sichern Sie das Gelernte im Gedächtnis. Außerdem muss es verstanden worden sein, um es den anderen erklären zu können, so dass Sie gleichzeitig eine Kontrolle des Lernerfolgs erzielen.

Ihr Arbeitsplatz

Würden Sie gerne in einem Restaurant essen, in dem die Tische unaufgeräumt sind? Wohl kaum. Dann sollten Sie auch dem Platz, an dem Sie lernen und für das Studium arbeiten, etwas Aufmerksamkeit schenken. Der Arbeitsplatz sollte die Konzentration fördern.

Tipp

- Sorgen Sie für Ordnung auf Ihrem Schreibtisch. Es sollten nur aktuell benötigte Bücher, ggf. Skripte und Unterlagen, darauf liegen und sonst nichts. Andere Bücher gehören ins Regal, Skripte in den Ordner und Stapel mit Notizen sollten eingearbeitet oder weggeschmissen werden.
- Trennen Sie Ihren Arbeitsplatz von dem Platz für Frühstück und Freizeitbeschäftigung.

Das hat zwei Gründe: Wenn Sie den Arbeitsplatz und den Platz für Freizeitbeschäftigungen nicht trennen, wird das mit der Ordnung nicht klappen. Der zweite Grund betrifft wieder die Konditionierung: Wenn Sie den Schreibtisch nur für das Lernen aufsuchen, stellen Sie sich automatisch auf Arbeiten ein. Konditionierung spielt eine größere Rolle, als Sie glauben, aber sie spielt sich nun einmal im Unterbewusstsein ab. Die schönen Dinge, mit denen Sie sich ablenken (Handy, Zeitung, Werbung vom Sportartikelversand etc.), lassen Sie am **Freizeitplatz** zurück. Der Weg zum Schreibtisch wird zum Ritual, mit dem Sie sich auf die Arbeit einstimmen.[29]

Dass die Schreibtischhöhe und der Stuhl ergonomisch für langes Sitzen geeignet sein sollten, versteht sich von selbst.

▶ *Tipp*

Wenn Ihr Stuhl ungeeignet ist, nehmen Sie nicht den bequemen Fernsehsessel, der gehört zum Bereich Freizeit. Besorgen Sie sich einen vernünftigen Stuhl und eine neue Lampe mit hellem, aber angenehmem Licht gleich dazu. Tun Sie alles, was nötig ist, um an Ihrem Arbeitsplatz für eine konzentrationsfördernde Umgebung zu sorgen.

Zum Arbeitsplatz gehören auch Bücherregale, Ordner und PC-Dateien. Das Ordnungssystem für alle drei Bereiche sollte möglichst einheitlich sein. Da Sie im ersten Semester nicht genau wussten, was inhaltlich auf Sie zukommt, ist Ihr System wahrscheinlich optimierbar.

---

[29] Wenn Sie gerne beim Arbeiten am PC mal eben im Internet surfen oder Mails abrufen, ziehen Sie, wenn es sein muss, das LAN-Kabel aus der Dose oder schalten Sie den WLAN-Anschluss ab.

▶ *Tipp*

Bringen Sie ein einheitliches Ordnungssystem in Ihren Bestand an gedruckten und als Datei gespeicherten Materialien.

Jede Stunde, die Sie investieren, um jedes Buch, jedes Paper und jede Datei an den **richtigen** Platz zu stellen, zahlt sich im Laufe des Studiums x-fach aus.

Der ideale Arbeitsplatz ist der eigene Schreibtisch zu Hause. Hier lassen sich die Empfehlungen für eine lernfördernde Arbeitsumgebung gut realisieren. Wenn die Umstände etwas anderes erzwingen, bleiben Sie flexibel und machen das Beste aus der jeweiligen Umgebung: Pausen zwischen Lehrveranstaltungen müssen Sie möglicherweise in der Bibliothek füllen. Bestimmte Bücher stehen nur dort zur Verfügung. Wenn Sie zur Hochschule pendeln, dann müssen Sie möglicherweise in der Bahn lernen. Auch unter solchen ungünstigen Umständen sollten Sie überlegen, wie Sie solche gezwungenermaßen ausgelagerten Arbeitsplätze optimal nutzen.

Systematische Prüfungsvorbereitung

Kein Studium besteht nur aus **Büffelei** für Prüfungen. Aber jedes Studium enthält Phasen, in denen Sie – mal mehr, mal weniger – zielgerichtet für Prüfungen lernen **müssen**. Vor den Prüfungen wird die Zeit dann knapp und die verbleibende Zeit steht im umgekehrten Verhältnis zum wachsenden Prüfungsdruck.

Planen Sie die Vorbereitung

Wenn Sie vermeiden wollen, drei Tage vor der Prüfung festzustellen, dass Sie noch nicht genug geschafft haben und wahrscheinlich nicht genug schaffen werden, sollten Sie einen Plan für die Prüfungsvorbereitung aufstellen.

> ▶ *Tipp*
>
> Beginnen Sie mit der Zeitkalkulation: Wie viel Zeit bleibt bis zum Prüfungstermin?

Nein, damit ist nicht die Zahl der Kalendertage bis zum Datum der Prüfung gemeint, sondern die **Netto-Lernzeit**. Das ist die aus Ihren Wochenplänen (siehe Zeitplanung) resultierende reine Arbeitszeit, geschätzt in Stunden oder wenigstens grob geschätzt in halben Arbeitstagen. Kalkulieren Sie durch, wie viel Netto-Lernzeit nach Abzug der Lehrveranstaltungen und sämtlicher anderer Verpflichtungen übrig bleibt. Von dieser Lernzeit müssen Sie noch einmal ca. 10 Prozent für Pausen und kleinere Unterbrechungen abziehen. Planen Sie weitere 10 Prozent als Zeitpuffer ein, die Sie brauchen, wenn es Verständnisschwierigkeiten oder Unklarheiten gibt, die zusätzlichen Lernaufwand erfordern.

> ▶ *Tipp*
>
> Bevor Sie sich in die Lernerei stürzen, verschaffen Sie sich einen Überblick über den Gesamtumfang des Lernstoffs.

Welche Themengebiete sind angegeben und welche Bücher, Mitschriften, Folien usw. sind zu lernen? Zur Vorbereitung des Lernens gehört auch die Ausleihe bzw. Beschaffung der Bücher, Kopien usw. Alles sollte zum Lernen auf Ihrem Schreibtisch bereitliegen oder es sollte geklärt sein, wann Sie ein Buch in der Bücherei ausleihen/in der Buchhandlung abholen können.

> ▶ *Tipp*
>
> Nun verteilen Sie den Lernstoff auf die bis zur Prüfung verbleibenden Wochen und Tage. Die zur Verfügung stehende Lernzeit bestimmt, wie viel pro Tag geschafft werden muss und nicht umgekehrt.

Das bedeutet, dass nicht wichtig ist, wie viele Seiten Material Sie an einem Tag durcharbeiten wollen. Wichtig ist, darauf zu achten, wann die Arbeit an dem betreffenden Pensum abgeschlossen sein muss. Der **Termin bestimmt**, wie viel auf Ihrem Tagesplan stehen muss.

Halten Sie die unterschiedlichen **Lernphasen** auseinander, sie erfordern je für sich unterschiedliche Lernstile.

> *Tipp*
>
> - Für Überblickswissen eignet sich die Vorlesung, wenn Sie konzentriert zuhören und eine gut gegliederte Mitschrift anfertigen.
> - Die eigentliche Aneignung des Lernstoffes wird in der Regel einsam und allein an Ihrem Schreibtisch stattfinden. Etwa die Hälfte der Zeit sollte für das Lernen und die Aneignung (aktives Lesen, strukturierte

Zusammenfassungen ...) selbst vorgesehen sein. Die andere Hälfte benötigen Sie für das Wiederholen und Einprägen sowie für die Überprüfung/Kontrolle des Gelernten.

- Für das Wiederholen und Einprägen eignen sich Ihre strukturierten Zusammenfassungen, aber auch Mindmaps oder aus dem Gedächtnis notierte Gliederungen. Sie können zum Zweck des Einprägens immer dann eine Mindmap anfertigen, wenn Sie ein zusammenhängendes Teilgebiet abgeschlossen haben.
- Die Überprüfung und Kontrolle des Gelernten machen Sie am besten in einer Lerngruppe, in der Sie sich gegenseitig abfragen. Sie können sich vor jedem Treffen Prüfungsfragen überlegen und dann in der Lerngruppe die Prüfung simulieren.

Jetzt brauchen Sie nur noch Ihren Plan abzuarbeiten und die Prüfung zu bestehen. Halten Sie auch die regelmäßigen Pausenzeiten ein. Es nützt wenig, sich an einem Tag so zu verausgaben, dass Sie am nächsten Tag ausgelaugt sind. Dass Sie fit und ausgeruht zur Prüfung gehen sollten, versteht sich von selbst. Der Tag vor der Prüfung oder zumindest der Nachmittag und Abend sollten zur Entspannung lernfrei bleiben und mit Sport, Freunden, Kino oder Fernsehen zugebracht werden.

Aufwand begrenzen

Wenn Sie versuchen, für eine bestimmte Prüfung alles gründlich zu lernen, spricht das für Ihr Engagement. Die löbliche Absicht kann sich aber unter Umständen als Bumerang erweisen. Nicht immer werden Sie in der komfortablen Situation sein, genug Zeit für eine vollständige Prüfungsvorbereitung zu haben, zumal Sie in jedem Semester nicht nur eine, sondern mehrere Prüfungen schaffen müssen. Schon bei der Planung der Prüfungsvorbereitung sollten Sie entscheiden, ob Sie sich die Strategie der Vollständigkeit leisten können oder ob die Strategie des kalkulierten Risikos angemessener ist.

Bei der **Strategie der Vollständigkeit** versuchen Sie sicherzugehen und alles zu lernen, was offiziell als prüfungsrelevant angegeben worden ist. Hier besteht das Risiko darin, dass Sie das vollständige Pensum nicht schaffen und – abgesehen vom resultierenden Prüfungsstress – mit Wissenslücken in die Prüfung gehen, die vom Zufall abhängen, je nachdem, wie weit Sie mit der Vorbereitung gekommen sind. Prüfungswissen, das auf Ihrem Plan zu weit unten stand, fehlt. Anders gesagt: Die Strategie der Vollständigkeit verwandelt sich von einer sicheren in eine riskante Strategie, wenn Ihnen die Zeit ausgeht.

Wenn Sie bei realistischer Einschätzung davon ausgehen müssen, dass es immer Teilgebiete geben wird, über die Sie in der Prüfung nicht alles wissen werden, dann bleibt Ihnen die **Risikostrategie**. Sie begrenzen schon bei der Planung der Prüfungsvorbereitung das Lernpensum und entscheiden, welche Wissenslücken oder Defizite im Detailwissen Sie in Kauf nehmen. Die Risiken sind von vornherein kalkuliert und nicht vom Zufall abhängig. Den Lernaufwand reduzieren Sie systematisch auf ein Maß, das Sie bis zum Prüfungstermin **bewältigen können**. Für diese Reduktion stehen Ihnen wiederum zwei verschiedene Strategien zur Verfügung.

▶ *Tipp*

Begrenzen Sie die Wissenstiefe.

Bei dieser Strategie gilt das Prinzip: Vollständigkeit hinsichtlich der Themenbereiche, aber Begrenzung bei der Wissenstiefe. Diese Vorgehensweise macht sich das aus Ökonomie und Projektmanagement bekannte **Pareto-Prinzip** zunutze. Es besagt, dass sich mit einem Aufwand von 20 Prozent viele Aufgaben so erledigen lassen, dass 80 Prozent der erwünschten Resultate erzielt werden. Um die fehlenden 20 Prozent der erwünschten Resultate – also Vollständigkeit der Prüfungsvorbereitung – zu erzielen, müssten folglich beim Lernaufwand die zusätzlichen 80 Prozent investiert werden. Auch wenn die Zahlen hier eher der Veranschaulichung dienen, wird doch das Grundprinzip deutlich. Durch Begrenzung der Wissenstiefe lernen Sie über alle Prüfungsthemen so viel, dass Sie zu jeder Frage wenigstens das Wichtigste beantworten können und nehmen bei den Details kleine Wissenslücken in Kauf. Diese Strategie bietet sich immer dann an, wenn Sie **keine Ahnung haben, welche Prüfungsfragen** auf Sie zukommen.

> ▶ *Tipp*
>
> Begrenzen Sie die Prüfungsthemen.

Die potenziellen Prüfungsfragen sind nicht immer eine Blackbox. Häufig gibt es **Anhaltspunkte, um abzuschätzen, welche Fragen wahrscheinlicher sind** als andere. Versuchen Sie sich in die Situation des Prüfers zu versetzen: Welche Fragen würden Sie stellen, wenn Sie der Prüfer/Themensteller wären? Anhaltspunkte liefern:

- Prüfungsklausuren der Vorsemester. Oft sind Musterklausuren einsehbar; wenn nicht, fragen Sie Studierende höherer Semester.
- Die Lieblings-Forschungsthemen des Profs. Womit beschäftigt sich der Prüfer

in diesem Semester in der Forschung? Worüber hält er gerade ein Hauptseminar oder an welchem Forschungsprojekt ist er im Moment beteiligt? Hat er in der letzten Zeit einen Vortrag zu einem bestimmten Themengebiet gehalten oder ein Buch dazu veröffentlicht?

- Hinweise des Dozenten in den Lehrveranstaltungen, die auf die Prüfung vorbereiten (ja, die Teilnahme lohnt sich schon aus diesem Grund).
- Prüfer in manchen Fächern nehmen gerne Bezug auf das Zeitgeschehen (Erdbeben, Klimakatastrophen, spektakuläre Unfälle, Terrorismus, Nobelpreisverleihung etc.). Trotz Prüfungsstresses sollten Sie sich die Zeit nehmen, um sich über fachlich relevante aktuelle Nachrichten auf dem Laufenden zu halten.

Beide Strategien, Begrenzung der Wissenstiefe und Einschränkung der Prüfungsthemen, können (oder müssen eventuell) kombiniert werden.

4.5 Suchen Sie Unterstützung

Studienkrisen können viele Ursachen haben und die Suche nach sinnvoller Unterstützung hängt von Ihrer individuellen Situation ab. Die folgende Aufstellung ist entsprechend aufgeteilt. Sie soll Ihnen Hinweise auf Angebote und Möglichkeiten geben, an die Sie vielleicht noch nicht gedacht haben.

Fachliche Probleme

- Die Fakultäts- und Fachberatungen sind die richtigen ersten Ansprechpartner bei fachlichen Problemen (siehe Kap. 2.2).
- Für viele Studiengänge mit hohen Abbrecherquoten (Physik, Informatik, Ingenieurwissenschaften etc.) gibt es Mentorenprogramme, die Sie bei fachlichen Problemen unterstützen sollen. Die Mentoren sind Dozenten oder von

Dozenten geschulte studentische Tutoren (leistungsstarke Studierende höherer Semester). Wenn es kein Mentorenprogramm gibt, kann Ihnen vielleicht trotzdem ein Dozent oder eine Dozentin Ihres Vertrauens Tipps und Hinweise geben, wie Sie fachliche Schwächen ausgleichen können.

- Suchen Sie (ggf. auch zusätzlich zu schon bestehenden Tutorien oder Übungsgruppen) zwei oder drei Mitstreiter, mit denen Sie eine Lern-AG organisieren. Das ist hilfreich begleitend zu Lehrveranstaltungen und erst recht zur Prüfungsvorbereitung.
- Suchen Sie per Aushang, über ein Forum oder über persönliche Kontakte nach Nachhilfe durch Studenten aus Fachbereichen, für die Ihr Problem kein Problem ist. Wenn Sie Betriebswirtschaftlehre studieren, machen Sie einen Aushang im Mathematischen Institut, um einen Mathematikstudenten zu engagieren. Wenn Sie Probleme mit dem Erwerb einer Fremdsprache haben, suchen Sie einen Muttersprachler, mit dem Sie ein Sprachtandem bilden.

Probleme mit allgemeinen Kompetenzen

- Bei Schreibblockaden oder Schwierigkeiten mit Referaten sollten Sie sich nach einer Schreibwerkstatt an Ihrer Hochschule umsehen. Im Zweifelsfall sollte Ihre Zentrale Studienberatung die Informationen über Angebote vorliegen haben.
- Fragen Sie bei der Zentralen Studienberatung Ihrer Hochschule nach Workshops zum Zeitmanagement oder zu Lern- und Studiertechniken. Solche Angebote werden möglicherweise (je nach Hochschule unterschiedlich) auch von der Psychologischen Beratung des lokalen Studentenwerks, vom Career Service Ihrer Hochschule, von studentischer Seite (AStA, Fachschaft) oder der Arbeitsagentur (im nächstgelegenen BIZ fragen) angeboten.

- Nutzen Sie jede Gelegenheit (sofern bei Ihrem Studiengang möglich), Referate zu halten, und zwar frei und nur mit Stichwortzettel – ein kostenloses Rhetoriktraining mit Ernstfallcharakter.

Isolation

- Der Nutzen von Lern-AGs bei der Prüfungsvorbereitung wurde oben beschrieben. Sie haben noch einen weiteren Nutzen. Studienabbrecher oder Studierende in Studienkrisen sind häufig isoliert. Wenn das bei Ihnen zutrifft, profitieren Sie von Lern-AGs doppelt. Also: Übungen aufsuchen statt zu schwänzen und Mitstreiter suchen oder Aushänge machen („Wer lernt mit für die XY-Klausur?").
- Mitarbeiten bei der Fachschaft: Fachschaften sind immer hocherfreut über Mitstudenten, die etwas Zeit in die ehrenamtliche Fachschaftsarbeit investieren. Neben der Überwindung der Isolation trainieren Sie wichtige Schlüsselqualifikationen.
- Mitmachen bei studentischen Initiativen wie **AEGEE**[30], Praxisinitiativen, Umweltgruppen, hochschulpolitischen Gruppen oder wo auch immer Sie sich persönlichen engagieren möchten.
- Machen Sie mit beim Campus-Sport.
- Wenn Sie religiös sind, besuchen Sie die Hochschulgemeinde. Zumindest die großen Konfessionen sind an allen Hochschulen entsprechend vertreten.

---

30 AEGEE (Association des Etats Généraux des Etudiants de l'Europe) ist eine europäische Studentenorganisation, die sich in ganz Europa um die jeweiligen (Erasmus-)Austauschstudenten kümmert.

Zukunftsangst, fehlende Perspektive

- Der Career-Service Ihrer Hochschule hilft (neben der **klassischen** Berufsberatung der Arbeitsagentur) bei der Entwicklung einer Perspektive weiter. Die Organisationsform schwankt: Mancherorts gibt es einen zentralen Career-Service für alle Studierenden, mal gibt es einen fakultätsspezifischen Career-Service mit entsprechend konkreteren Orientierungshilfen.
- Studentische Praxisinitiativen. Auch hier schlagen Sie wieder zwei Fliegen mit einer Klappe: Sie bauen praktisches berufsrelevantes Know-how auf und finden neue Kontakte.
- Dass ein beruflich relevantes Praktikum Ihre Berufschancen verbessert, ist kein Geheimnis. Was aber bisweilen übersehen wird: Praktikantenstellen gibt es auch bei Hochschuleinrichtungen (Pressestelle, Technik, Verwaltung etc.). Diese Einrichtungen können oft auch Stellen als Studentische Hilfskraft vergeben.
- Je nach Berufsstrategie kann auch die (ehrenamtliche) Mitarbeit bei Campus-Radio, Campus-TV, Fachschaftszeitschrift, AStA-Mitteilungen usw. nützliche praxisrelevante Qualifikationen vermitteln.

Depressionen, gesteigerte Prüfungsangst

- Die Psychologische Beratung wird entweder von der Zentralen Studienberatung oder dem Studentenwerk angeboten (je nach Hochschule unterschiedlich, siehe → Kapitel 2.1).

Rechtliche Probleme

- Bei Problemen mit dem Prüfungsamt, dem BAföG-Amt oder dem Studierendensekretariat (bei Zwangsexmatrikulation, Verweigerung von Beurlaubungen u.Ä.) gibt es an größeren Hochschulen eine kostenlose Erstberatung bei der Rechtsberatung des AStA.

4.6 Verbessern Sie die Rahmenbedingungen

Viele Studienkrisen resultieren nicht aus Überforderung, ja nicht einmal aus dem Studium selbst. Häufig bestehen Handicaps durch studienexterne Belastungen, die zu Beginn des Studiums unterschätzt wurden oder nicht wahrgenommen wurden. Die Auswirkungen werden sichtbar, wenn die ersten Klausuren anstehen und das Studium hart wird. Es ist die Doppelbelastung aus Studium und ungünstigen Rahmenbedingungen, die einen hohen Prozentsatz der Studienkrisen verursacht.

Nicht alle studienexternen Belastungen kann man abstellen, aber einige schon. Mit den Umständen, die man ändern kann, befassen sich die folgenden Abschnitte.

Wohnort: Je näher, desto besser

In beliebten Hochschulstädten ist es schwierig, eine **Studentenbude** zu bekommen. Sie sind teuer und haben obendrein den entscheidenden Nachteil, dass man sich plötzlich um vieles selbst kümmern muss: putzen, Wäsche waschen, Kühlschrank auffüllen usw. Ganz eindeutig ist es zu Hause bequemer und billiger. Auf eigenen Füßen zu stehen, will schließlich erst einmal gelernt sein. Es überrascht also nicht, dass die Zahl der Studierenden, die weiterhin bei den Eltern wohnen und zur Hochschule pendeln, von Jahr zu Jahr steigt. Mit dem Semesterticket geht das weitgehend kostenlos. Warum sollen Sie sich trotzdem die Mühe machen, in Hochschulnähe eine eigene Bleibe zu suchen?

Die Antwort ist ganz einfach: Weil es für Ihr Studium und für Sie selbst aus mehreren Gründen gut ist.

- Dass der gute Vorsatz, die Fahrzeit in der Bahn für das Lernen zu nutzen, eine Illusion ist, haben Sie womöglich selbst schon gemerkt. Der Regelfall ist eher, dass Unruhe, fehlende Sitzplätze, im Winter schlechte Beleuchtung, hustende Mitreisende und einiges mehr schnell dazu führen, dass Sie entnervt Buch oder Notebook zuklappen. Und spätestens dann bedeutet Pendeln reichlich vergeudete Zeit pro Tag.
- Wer in Hochschulnähe wohnt, hat es leichter, nach der Vorlesung an spontan organisierten Lerngruppen teilzunehmen, ohne in seinem Zeitbudget durch den Fahrplan und den Gedanken an die nächste Bahn eingeschränkt zu sein. Wie hilfreich gemeinsames Lernen (sich abfragen) zur Klausurenvorbereitung ist, wurde oben (→ Kapitel 4.4) erläutert.
- Eine eigenes Studentenzimmer hat den Vorteil, ungestörter arbeiten zu können. Es gibt weniger Möglichkeiten als zu Hause, sich selbst von der Arbeit abzulenken. Zu Hause möchte man ja doch noch am Familienleben teilnehmen, besonders wenn die Alternative Wiederholung des Lernstoffs heißt.
- Wenn Sie in studentischer Umgebung wohnen und auch Ihre Freizeit verbringen, zerfällt Ihre Welt nicht in **Studium hier** und **Privatleben am Heimatort**. Die anderen Studierenden haben die gleichen Ziele und die gleichen alltäglichen Probleme mit überfüllten Hörsälen, komischen Prüfungsfragen oder dem Mensaessen. Es steigert die Motivation und das Selbstverständnis, Student bzw. Studentin zu sein, wenn man sich nicht nur in der Vorlesung, sondern auch beim Campussport und in der Freizeit sieht. Erst die Integration in das studentische Umfeld macht aus dem Studium auch einen **Lebensabschnitt**.

Wenn Sie sich nun heute noch dazu entschließen, auf eigenen Füßen zu stehen und in Hochschulnähe auf Zimmer- oder Wohnungssuche zu gehen, dann machen Sie das besser nicht in dem Zeitfenster zwischen Versand der Zulassungsbescheide für Erstsemester und Vorlesungsbeginn, denn da suchen alle. Besser ist der Zeitraum im Anschluss an die Klausuren- bzw. Prüfungsphase, weil dann viele Studierende ihr Studium abschließen oder sich entschließen, ihr Studium abzubrechen. So oder so: Es werden Zimmer frei.

Studentenwohnheime

Sie bieten nicht den großen Luxus, aber eine preiswerte Möglichkeit, wenigstens übergangsweise am Hochschulort Fuß zu fassen. In beliebten Hochschulstädten und bei günstiger Lage des Wohnheims können die Wartezeiten lang bis sehr lang sein. Die Plätze in öffentlich geförderten Wohnheimen werden von den örtlichen Studentenwerken verwaltet.

> ▶ *Tipp*
>
> Eine Liste mit Kontaktdaten der örtlichen Studentenwerke finden Sie über die Internetseite des Deutschen Studentenwerks:
> www.studentenwerke.de oder nach dem Schema
> www.studentenwerk-[Hochschulort].de

Privatzimmer

Die Studentenwerke vermitteln auch Privatzimmer. Ansonsten bleibt der freie Wohnungsmarkt, also **Schwarze Bretter** (ja, es gibt sie noch), lokale Tageszeitungen, Anzeigenblättchen und natürlich das Internet.

▶ *Tipp*

Einige nützliche Adressen:

- www.immobilienscout24.de
- www.immowelt.de
- www.kalaydo.de
- www.ebay-kleinanzeigen.de
- www.wg-gesucht.de

für WG-Interessierte:

- www.wohngemeinschaft.de
- www.studenten-wg.de

Studierende haben auch je nach eigenem Einkommen Anspruch auf einen Wohnberechtigungsschein (WBS), der zur Anmietung von Wohnungen berechtigt, die mit öffentlichen Mitteln gefördert werden. WBS-Wohnungen sind unter den üblichen Wohnungsannoncen zu finden. Der Antrag für den WBS muss bei der jeweiligen Stadtverwaltung gestellt werden.

Für Studierende, die nicht bei den Eltern wohnen, kann es auch Wohngeld geben, und zwar gerade dann, wenn nicht oder nicht mehr BAföG-Anspruch besteht. Auch hier helfen die örtlichen Studentenwerke beratend weiter.

Studienfinanzierung

Bei krisenhaftem Studienverlauf ist schnell der BAFöG-Anspruch (wenn Sie einen hatten) oder die Geduld der Eltern zu Ende. Das ist doppelt unangenehm zu einem Zeitpunkt, an dem Sie sich möglicherweise entschlossen haben, den Abschluss ernsthafter als bisher in Angriff zu nehmen. Was ist zu tun, um die **Restlaufzeit** des Studiums auch in finanzieller Hinsicht realistisch zu planen?

Jobben

Die naheliegende Finanzierung durch Nebenjobs ist eine sehr ambivalente Angelegenheit. Einerseits sind Nebenjobs ein Zeitfresser erster Güte, auf den man sich aus finanzieller Not einlässt. Besser nur so viel wie unbedingt notwendig jobben und den Lebensstandard so weit wie möglich herunterschrauben. Andererseits können gute Jobs Sie besonders bei praxisfernen Studiengängen wesentlich dabei unterstützen, eine Brücke in die Berufswelt zu bauen. Wenn Sie zur Finanzierung der restlichen Semester einen Nebenjob unbedingt brauchen, sollte er wenigstens den Zusatznutzen haben, beruflich relevante Qualifikationen zu vermitteln.

► *Tipp*

Jobangebote finden sich in den lokalen Zeitungen, Anzeigenblättern und Stadtzeitungen, auf Schwarzen Brettern sowie im Internet. Die Internetseiten Ihres örtlichen Studentenwerks bieten Infoseiten zu den Jobbörsen mit Angeboten aus der Umgebung. (Adressen über den Bundesverband www.studentenwerke.de → Deutsches Studentenwerk → Studentenwerke → Studentenwerke A–Z) Große Hochschulen unterhalten eigene Stellenbörsen.

Studentische Beschäftigte sind rentenversicherungspflichtig, wenn sie die Grenzen einer geringfügigen oder kurzzeitigen Beschäftigung überschreiten. Für die Beschäftigung mit einem Verdienst über 400 Euro wird eine Lohnsteuerkarte benötigt. Die Rückerstattung zu viel gezahlter Steuern kann über den Lohnsteuerjahresausgleich beantragt werden. Auskünfte zu sozialversicherungsrechtlichen Fragen erteilen die Studentenwerke und die Sozialberatung des AStA.

Eine recht elegante Lösung sind Jobs als Studentische Hilfskraft. Studien- und Arbeitsort sind derselbe, längere Anfahrten entfallen. Je nach Tätigkeit können Sie fachliche und/oder allgemeine Kompetenzen vertiefen. Das Angebot ist größer als häufig angenommen. Es lohnt sich auch, außerhalb des eigenen Fachbereichs auf Suche zu gehen, da viele SHK-Stellen in zentralen Bereichen angeboten werden, in denen Studierende aller Fachrichtungen arbeiten können (Pressestellen, allgemeine Studienberatung, Studierendensekretariate, IT-Abteilungen/Rechenzentren etc.).

Studienkredite

Bevor Sie aus Geldnot Ihr Studium hinschmeißen oder so viel jobben, dass Sie zu wenig Zeit zum Lernen haben, und dann Ihr Studium hinschmeißen, prüfen Sie bitte, ob die folgenden Finanzierungsmöglichkeiten durch Darlehen infrage kommen.

- Bildungskredit, ein Förderprogramm des Bundes, mit dem zinsgünstige Kredite bereitgestellt werden; Informationen unter www.bildungskredit.de.
- KfW-Studienkredit von der KfW-Förderbank, einer Anstalt des öffentlichen Rechts. Auch dieser Zinssatz ist relativ günstig, jedenfalls günstiger als bei der Bank um die Ecke. Beratung und Vermittlung bei den örtlichen Studentenwerken. (Fast alle Studentenwerke sind KfW-Vertriebspartner.) Eine Liste mit Kontaktdaten der örtlichen Studentenwerke finden Sie über die Internetseite des Bundesverbandes deutscher Studentenwerke – Internetadresse siehe oben in diesem Abschnitt.

- Eine Reihe von Banken und Sparkassen bietet Studienkredite an. Da diese unterschiedliche Konditionen haben (und teurer sind als die ersten beiden Möglichkeiten), sollten Sie gründlich vergleichen; hilfreich dabei ist der CHE-Studienkredit-Test unter www.che-studienkredit-test.de.
- Für die Endphase eines Studiums (die letzten zwei bis drei Semester inklusive Abschlussprüfung) gibt es bei vielen Studentenwerken Studienabschlussdarlehen oder DAKA-Darlehen – Information und Beratung bei den örtlichen Studentenwerken (Kontakt siehe KfW-Studienkredit).
- Für Studierende, die in Not geraten sind, gibt es bei vielen Hochschulen und Studentenwerken Überbrückungsdarlehen. Nachfragen bei der Zentralen Studienberatung und Ihrem Studentenwerk lohnt sich immer.

Sich schon im Studium zu verschulden ist keine sonderlich schöne Vorstellung. Machen Sie sich von diesem Gefühl frei und stellen Sie nüchtern folgende Überlegung an:

[1] Wie viele Semester brauchen Sie noch und wie hoch wird folglich der Kreditbetrag sein?

[2] Wie groß ist die Wahrscheinlichkeit, dass Sie nach dem Studium einen Job mit festem Einkommen finden und wie hoch wird das in etwa sein?

[3] Wie lange müssten Sie den Kredit zurückzahlen und wie viel Prozent Ihres voraussichtlichen Einkommens wird das ungefähr sein?

Wenn Sie insbesondere die zweite Frage einigermaßen beantworten können[31], dann können Sie auch einschätzen, ob ein Kredit eine ökonomisch vernünftige Lösung ist. Ein einstelliger Prozentsatz des Einkommens über eine bestimmte

[31] Und das sollten Sie, schließlich investieren Sie ja auch eine Menge Arbeitszeit in Ihr Studium.

Zahl von Jahren hinweg ist weniger schmerzlich als der Abbruch eines ansonsten erfolgreichen Studiums nur aus finanziellen Gründen.

Andere Verpflichtungen

Fast überflüssig zu sagen, dass alle Arten von zeitaufwendigen Freizeitaktivitäten Ihrem Studium nicht guttun. Reiten, Fußball, der Karnevalsverein und ähnliche schönen Dinge sind alle gut für den Ausgleich und die körperliche Fitness, aber nur in der Freizeit und das ist die Zeit, die das Studium übrig lässt. Gehen Sie bitte davon aus, dass Sie Ihr Studium nur ernsthaft voranbringen können, wenn Sie während des Semesters mindestens 40 Stunden pro Woche investieren, gegen Ende des Semesters wenn Klausuren näher rücken meistens deutlich mehr. Und dabei gibt es genug Studiengänge, die noch erheblich zeitaufwändiger sind. Generell beruht das **ECTS (European Credit Transfer System)** auf einer zeitlich standardisierten Kalkulationsgrundlage.[32]

Wenn das Engagement außerhalb des Studiums überhandnimmt, ist es nicht nur die Zeit, die für das Studium fehlt, sondern auch die Aufmerksamkeit. Irgendwann ist das Studium dann nicht mehr die Hauptsache. Besonders bei wenig berufsbezogenen Studiengängen erklärt ein erheblicher Anteil der Studierenden, ihr Studium sei nicht die Hauptbeschäftigung in ihrem Leben. Wenn Sie sich für die Option **Weitermachen** entscheiden, sollten Sie sich auch über diese Prioritäten klar sein.

Diese Prioritätensetzung wird besonders dann zum Problem, wenn die Nebenaktivitäten auf mitmenschlichem Engagement beruhen. Diese zu reduzieren

---

[32] Ein Credit-Point (CP) entspricht einem Arbeitsaufwand von 25–30 CPs pro Semester; macht rund 900 Stunden pro Semester.

oder einzustellen, wird dann als **im Stichlassen** betrachtet. Muten Sie sich nicht zu viel zu. Gelegenheiten, die Welt zu verbessern, gibt es noch viele, wenn Sie Ihr Studium beendet haben.

4.7 Was Sie noch probieren können

Brauchen Sie eine Pause?

Urlaubssemester sind eine ambivalente Sache. Wenn sie für ein Praktikum genutzt werden, dann kann dies dazu führen, dass Sie einerseits die langfristige Perspektive Ihres Studiums definieren können und mit mehr Zielstrebigkeit weitermachen. Andererseits kann die Pause das Aus für Ihr Studium bedeuten, weil die Hochschule Ihnen endgültig fremd wird.

Wenn Sie ein Urlaubssemester als Auslandssemester nutzen, schlagen Sie zwei Fliegen mit einer Klappe: Sie lösen sich vom aktuellen Leistungsdruck und sorgen für eine sinnvolle Verbesserung der persönlichen Kompetenzen. Die Erfahrungen helfen bei der Klärung der eigenen Vorstellungen. Aber auch hier besteht die Möglichkeit, dass Sie genau dadurch Ihre eigentlichen Studienziele aus dem Blick verlieren.

Leider sind die Regelungen für die Genehmigung von Urlaubssemestern je nach Bundesland sehr unterschiedlich. In manchen Bundesländern werden auf Antrag ohne Begründung zwei Urlaubssemester genehmigt. In anderen werden nur besondere Gründe akzeptiert (Krankheit; Schwangerschaft/Kinder; Auslandssemester; Praktikum, wenn die Förderlichkeit für das Studium vom Prüfungsamt bescheinigt wurde). In diesen restriktiven Bundesländern wird meistens Jobben zur Finanzierung nicht als Grund akzeptiert.

Wenn Sie Urlaubssemester in Betracht ziehen, bleibt Ihnen nichts anderes übrig, als die Einschreibeordnung Ihrer Hochschule einzusehen. Diese regelt, unter welchen Voraussetzungen Urlaubssemester genehmigt werden. Sie steht auf der Internetseite Ihres Studierendensekretariats. Falls sie dort nicht zu finden ist, fragen Sie im Studierendensekretariat nach, das ist sowieso zuständig für die Formalitäten der Antragstellung.

Hilft ein Hochschulwechsel?

Ein Hochschulwechsel im gleichen Studiengang macht dann Sinn, wenn Sie die Ursachen Ihrer Studienkrise **konkret** benennen können und diese an der neuen Hochschule wegfallen. Solche Umstände an der alten Hochschule können sein:

- schlechte Studienbedingungen;
- ungewöhnlich hohe Anforderungen im eigenen Fach;
- schlechte Betreuung im eigenen Fachbereich;
- ein Prüfer, mit dem Sie persönlich nicht kommunizieren können und der ein Pflichtfach allein vertritt;
- Rahmenbedingungen des Studiums, die an der neuen Hochschule eindeutig günstiger sein werden.

Beim Hochschulwechsel spielen zwei Fragen eine Rolle:

[1] Gibt es an der neuen Hochschule Zulassungsbeschränkungen in höheren Fachsemestern? Wenn ja, müssen Sie einen entsprechenden Zulassungsantrag zu einem höheren Fachsemester stellen und wissen Sie erst spät (wenige Wochen vor Semesterbeginn), ob Sie wechseln können. Erst wenn Sie die Zulassung von der aufnehmenden Hochschule in der Hand haben, beantragen Sie an Ihrer alten Hochschule die Exmatrikulation. Die Bescheini-

gung darüber müssen Sie bei der Einschreibung an der aufnehmenden Hochschule vorlegen.

[2] Wollen Sie an der neuen Hochschule in einem exakt gleichnamigen Studiengang zugelassen werden? Dann stellen Sie nämlich beim Studierendensekretariat der neuen Hochschule einen Antrag auf Zulassung zu einem höheren Fachsemester dieses Studiengangs als sogenannter Ortswechsler. Dafür brauchen Sie für die Zulassung in der Regel keine Anrechnungsbescheinigung[33], sondern nur eine Fachsemesterbescheinigung Ihrer alten Hochschule. Wenn Sie an der neuen Hochschule nicht in einen gleichnamigen Studiengang wechseln, müssen Sie – um die Zulassung zu einem höheren Fachsemester beantragen zu können – vorher einen Anrechnungsantrag beim zuständigen Prüfungsamt der aufnehmenden Hochschule stellen. Sie fallen dann bei zulassungsbeschränkten höheren Fachsemestern in die Kategorie **Quereinsteiger** und die werden bei der Zulassung erst nachrangig **nach** den Ortswechslern berücksichtigt.

In beliebten Hochschulstädten sind häufig die höheren Fachsemester zulassungsbeschränkt. Das bedeutet wie gesagt, dass Sie erst dann fest mit dem Wechsel planen können, wenn Sie die Zulassung der neuen Hochschule erhalten haben. Bevor Sie also Ihren alten Studienplatz aufgeben und in Ihrer Wunschstadt einen Mietvertrag abschließen, sollten Sie die Zulassungsregelungen für höhere Fachsemester genau erfragt haben.

---

[33] Das bedeutet nicht, dass auch das Prüfungsamt der neuen Hochschule alle Credit-Points anerkennt.

5 Wechseln Sie das Fach

5.1 Die Lösung für Sinnsucher

Ein Fachwechsel ist die Lösung für alle,

- die zwar gerne studieren, sich aber inhaltlich nicht mit ihrem Studiengang identifizieren, weil das Studium sie nicht interessiert oder weil sie unterfordert sind;
- die zwar gerne studieren, aber auf der Suche nach einem für sie leichteren oder stärker strukturierten Studium sind;
- die bei ihrem Studiengang eine Berufsperspektive vermissen oder die veränderte konkrete Berufspläne haben, die einen anderen Abschluss erforderlich machen.

Ist es Ihnen schon passiert, dass Sie morgens vor dem Spiegel standen und sich beim Gedanken an die kommende Vorlesung gefragt haben „Was mache ich da eigentlich? Das kann es nicht sein!“ Dann sind Sie einerseits der Kandidat für diese Lösung der Studienkrise. Sie sehen vermutlich keinen Sinn in dem, was Sie da lernen und mit dem Sie ca. 40 Berufsjahre zubringen werden. Der Studiengang entspricht inhaltlich nicht Ihren Erwartungen und Vorstellungen. Das kann passieren, da Sie aus eigener Erfahrung nur die klassischen (Schul-)Fächer kennen, nicht aber Rechtswissenschaft oder BWL, geschweige denn Sinologie, Intermedia oder Computervisualistik. Wenn Sie obendrein noch das Gefühl haben, unterfordert zu sein, sollten Sie sich umgehend auf die Suche nach einer Studienalternative machen.

Andererseits handelt es sich um eine verführerische Lösung, besonders in Studienphasen, durch die Sie sich durchbeißen müssen: Der Einstieg in das erste Semester wurde verpasst oder ein Rückschlag (eine nicht bestandene Klausur o.Ä.) ist zu verkraften. Man geht zurück auf Los und fängt noch einmal **richtig** von vorne an. Der verkorkste Start wird ad acta gelegt. Aber wenn es an der Selbstorganisation, dem Durchhaltevermögen oder fehlenden Lerntechniken lag, wird die Situation im neuen Studiengang nicht besser sein. Sie würden diese Defizite in den neuen Studiengang mitnehmen. Die Wahrscheinlichkeit, dass die Probleme von selbst verschwinden, ist einerseits gering. Andererseits ist der Schaden für Sie groß, wenn auch das neue Studium Sie in die nächste Krise führt. Wenn dann der zweite Versuch auch nicht gut läuft, ist die Versuchung groß, noch einen und noch einen Versuch zu machen. Statt sich durchzubeißen, würden Sie weitersuchen nach dem Studium, das endlich **Spaß** macht und **wirklich interessant** ist. Und mit jedem weiteren Wechsel sinkt die Wahrscheinlichkeit, dass endlich einer der angefangenen Studiengänge zu Ende gebracht wird. Dann wird aus dem Fachwechsel schnell ein **Studienganghopping**.

Erschwert wird die Prognose über den Studienerfolg durch den Umstand, dass ein Studium zu einem guten Teil eine sich selbst erfüllende Prophezeiung ist. Sie wählen ein Studium, von dem Sie **annehmen**, dass Sie es erfolgreich bewältigen werden. Sie knien sich zu 100 Prozent rein und **Sie werden** es erfolgreich bewältigen. (Zumindest steigt die Wahrscheinlichkeit einer positiven Entwicklung.) Umgekehrt wird aber auch ein Studium, dass Sie mit skeptischen Erwartungen beginnen, mit höherer Wahrscheinlichkeit scheitern.

Genau genommen gibt es das **richtige** Studium nicht. Das **richtige** Studium wäre im Idealfall eines mit einer sicheren Prognose eines erfolgreichen Abschlusses (von persönlichem Pech wie Krankheit oder Unfall dabei abgesehen). Solche sicheren Prognosen gibt es bei zukünftigen Entwicklungen nicht. Ob es in einer Woche regnet oder innerhalb eines Jahres ein Erdbeben auftritt, weiß niemand genau, obwohl die Physik des Wetters oder von Erdbeben ziemlich genau bekannt sind. Sobald die Zeit ins Spiel kommt, kommen auch **unbekannte Entwicklungen** ins Spiel, erst recht bei komplexen sozialen Prozessen wie Schule, Studium, Beruf oder Partnerwahl. Es besteht immer die Möglichkeit, dass irgendein Ereignis die Entwicklung in eine neue Richtung lenkt. Ein Praktikum, das die Augen für Neues öffnet? Ein überraschend netter Mathematikdozent? Eine Veränderung der persönlichen Prioritäten oder der Berufsziele? Niemand kann das genau prognostizieren und Garantien gibt es nicht.

Anstatt alle zukünftigen Risiken und nicht vorhersehbaren Ereignisse durch die Suche nach dem **richtigen** Studium ausschließen zu wollen, sollten Sie sich eine einfache Frage stellen: „Was bin ich bereit zu investieren?" Jede Studienwahl – also auch die bei einem Fachwechsel – ist eine Annäherung an die günstigste Kombination von Vorteilen (die Sie als Ertrag einplanen können) und Nachteilen (die Sie als Aufwand einplanen müssen). Die meisten Vorteile (interessante Inhalte, passende Wahlfächer, gute Berufschancen, genau der richtige Studienort etc.) können Sie nur mit Nachteilen an anderer Stelle (falscher Studienort, nur mittelmäßiges Interesse, Massen-Studiengang, ungeliebte Statistikklausur, nicht die gesuchten Wahlfächer, keine gute Berufschancen etc.) erkaufen. Kalkulieren Sie nüchtern Aufwand und Ertrag. Auch motivationale Kriterien (wie Ihre intrinsische Motivation) oder persönliche Prioritäten sind dabei nur Faktoren in einer rationalen Kalkulation. Nur auf diesem Weg werden Sie die günstigste **Annäherung** an das **richtige** Studium erreichen. Bei der Entscheidung über einen Fachwechsel haben Sie dabei einen großen Vorteil: Ihre Studienerfahrungen aus dem bisherigen Studiengang. Diese Erfahrungen sagen Ihnen ziemlich deutlich, was für Sie passend und nicht passend ist.

5.2 Finden Sie das Studium, für das Sie sich besser eignen

Aus Fehlern lernen

Das **richtige** Studium (das neue, das für den Fachwechsel infrage kommt) finden Sie, indem Sie sich zunächst etwas Zeit nehmen und über das **falsche** Studium (das bisherige, aus dem Sie raus wollen) nachdenken. Ob eine Studienwahl wirklich klug war, weiß man leider meistens erst nachher. Das ist auch der Grund, warum Sie Ihre Suche nach einem neuen Studiengang bei Ihren Erfahrungen mit dem ersten Versuch beginnen sollten. In mehreren Hinsichten können Sie aus eventuellen Fehlern lernen.

Wie war Ihre Studienvorbereitung?

Wie sind Sie in Ihr erstes Studium hineingekommen? Wie viel Zeit und Arbeit haben Sie in Ihre Studienvorbereitung investiert? Wie viele Studiengänge haben Sie sich genauer angeschaut? Im Durchschnitt informieren sich Studieninteressierte über drei bis vier Studiengänge detailliert. Wenn man berücksichtigt, dass die Mehrheit der Studierenden grundsätzlich mit ihrer Studienwahl zufrieden ist, dürfte dies ein guter Orientierungswert sein. Detaillierte Information meint ein Level, das für einen Vergleich hinsichtlich Ihrer relevanten Kriterien (→ Kapitel 3.3) ausreicht.

Auch aufschlussreich ist die Frage, ob Sie genug Zeit für die Studienvorbereitung hatten oder erst nach dem Erwerb der Hochschulreife und damit kurz vor dem Ende der Bewerbungsfristen (also zu spät) mit dem Informationsprozess begonnen haben. Und wirklich gründlich war Ihre Studienvorbereitung, wenn Sie auch persönliche Eindrücke vom Studienbetrieb (Vorlesungsbesuche, Gespräche mit Studierenden) und von der Hochschule (Infotage, Tage der offenen Tür etc.) wahrgenommen haben.

Wenn Sie sich also eingestehen müssen, dass Ihre Studienvorbereitung nicht optimal war, dann gibt es in diesem Punkt bei dem Fachwechsel viel Verbesserungspotenzial.

Was stört Sie konkret?

Der erste Studienversuch liefert Ihnen wichtige Einsichten, welche Merkmale eines Studienfaches bei Ihnen eine große Rolle spielen und was das für Ihre Entscheidungskriterien beim Fachwechsel bedeutet. Sie haben Erfahrungen mit der Arbeits- und Denkweise in einem Fach gemacht. Was genau daran entsprach nicht Ihren Vorstellungen? Wenn Sie darüber keine Klarheit haben, können Sie auch nicht einschätzen, ob das neue Studium besser laufen wird als das alte.

Ein häufiges Defizit ist, dass der Studiengang einerseits inhaltlich anders ist als vorher vorgestellt und sich schlicht als uninteressant erweist. Das passiert und ist eigentlich ein guter Grund für einen Fachwechsel. Andererseits ist dieser Aspekt schnell bei der Hand und liefert eine (vor sich selbst und vor anderen) bequeme Begründung. Prüfen Sie selbstkritisch, ob es nicht tieferliegende Defizite des aktuellen Studiengangs gibt, über die Sie sich vor dem Fachwechsel im Klaren sein sollten. Hier einige Denkanstöße dazu:

- Kommen Sie mit dem Studiensystem und den Lernbedingungen Ihres Studiengangs bzw. Ihrer Fachrichtung zurecht? Finden Sie **Paukstudiengänge** mit klarer Struktur und straffem Lernprogramm (einfach lernen für Klausuren und fertig) gut oder schlecht?
- Brauchen Sie ein Studium mit großen Gestaltungsspielräumen oder empfinden Sie das als Qual der Wahl?

- Bevorzugen Sie narrative Disziplinen, in denen es um das Verstehen (beispielsweise von Kultur oder Verhalten) geht und Wissen auf argumentativem Weg zustande kommt? Oder bevorzugen Sie Lernstoff, der auf Formeln, Messwerten, Daten oder Fakten basiert und in dem Interpretationsspielräume klein sind?
- Bevorzugen Sie die Beschäftigung mit abstrakten oder eher konkreten Zusammenhängen und Problemen?
- Vertiefen Sie sich gerne **zweckfrei** in fachlich-wissenschaftliche Sachverhalte oder sind Sie vorrangig daran interessiert, eine Qualifikation für ein Berufsfeld zu erwerben?

Sie sehen: Abgesehen von dem Faktor Interesse kann vieles eine oft unterschwellige Rolle spielen. Wenn Ihnen bewusst ist, was **Sie** besonders an dem bisherigen Studiengang stört, verringern die Gefahr, den gleichen Fehler zweimal zu machen.

Was soll besser werden?

Entwickeln Sie Kriterien für das, was sich ändern soll und was Ihre Erwartungen an das neue Studium sind. Was soll besser werden? Welche Vorteile soll das neue Studium gegenüber dem alten haben?

Tipp

- Suchen Sie ein Studium, das Ihr Interesse weckt und intrinsische Motivation freisetzt, weil Ihr jetziges Studium Sie nicht ausfüllt?

  Gibt es ein Fach, das Sie so interessiert, dass Sie von Leidenschaft sprechen würden? Kennen Sie das neue Studium gut genug, um dies überhaupt einschätzen zu können? Wenn nein, dann werden Ihnen die Hinweise zum Sammeln persönlicher Eindrücke (im nächsten Abschnitt) weiterhelfen. Ein Studium, das nur Mittel zum Zweck (Einkommen, berufliche Sicherheit, Status) sein soll, wird früher oder später zur Qual. Eine solche rein extrinsische Motivation ist einer der häufigsten Abbruchgründe. Mit anderen Worten: Sie kämen mit dem Fachwechsel vom Regen in die Traufe. Ohne ein Mindestmaß an Interesse am Fach ist auch im neuen Studium die nächste Krise vorprogrammiert.

- Sind Ihre Berufsziele so attraktiv, dass Sie 40 Berufsjahre mit dieser Tätigkeit verbringen möchten?

  Insbesondere staatlich reglementierte Berufe (wie beispielsweise Juristen, Lehrer, Mediziner oder Pharmazeuten) erfordern schon zu Studienbeginn eine frühe weitreichende Festlegung. Die Studienwahl ist hier gleichzeitig eine Berufswahl. Sind Sie der Typ des Planers, der bereit ist, seinen beruflichen und damit auch persönlichen Weg so weit im Voraus festzulegen?

- Haben sich Ihre Berufsziele verändert und wird dadurch ein Fachwechsel erforderlich?

  Dieses Kriterium ist ein guter Grund für einen Fachwechsel, vorausgesetzt das neue Berufsziel lässt einen klaren Rückschluss auf einen bestimmten Studiengang zu.

- Suchen Sie ein Studium mit geringerem Anforderungslevel?

  Auch dieses Kriterium ist ein guter Grund für einen Fachwechsel, vorausgesetzt Sie überzeugen sich durch gründliche Information davon, dass Ihre fachlichen Hürden im neuen Studiengang wegfallen.

Informationsgrundlage herstellen

Die Suche nach einem neuen Studiengang erfordert die gleiche Informationsbasis, wie sie schon im Prozess der Studienvorbereitung beim ersten Anlauf erforderlich war (oder gewesen wäre). Das schließt die folgenden Schritte ein.

Tipp

- Grenzen Sie die möglichen Fachrichtungen, die in Betracht kommen, auf eine überschaubare Anzahl ein (3 bis 5). Durch diese Vorauswahl ist es dann möglich, die Optionen detailliert zu vergleichen, ohne in der Informationsflut zu ertrinken. Wenn das, was Sie suchen, an Ihrer derzeitigen Hochschule nicht angeboten wird, bietet Ihnen im Internet der Hochschulkompass (www.hochschulkompass.de) eine umfassende und relativ zuverlässige Möglichkeit, deutschlandweit Studienangebote zu recherchieren. Außerdem bietet er einen (relativ kurzen) studienbezogenen Interessentest, mit dem Sie die Suche auf relevante Studienalternativen eingrenzen können.
- Möglicherweise sind Sie durch Mitstudierende oder durch Zufall auf einen Studiengang aufmerksam geworden, der der **richtige** zu sein scheint. Stellen Sie trotzdem durch einen Blick auf das gesamte Studienangebot Ihrer eigenen Hochschule und/oder der Fächergruppen im Hochschulkompass sicher, dass Sie keine naheliegende Alternative übersehen haben.
- Nun folgt die Hauptarbeit: die Informationsrecherche bezüglich der Studieninhalte, Eignungsvoraussetzungen und Anforderungen, Spezialisierungsmöglichkeiten und Masteroptionen. Aufschlussreiche Infor-

mationsquelle dazu sind die Modulhandbücher der Bachelorstudiengänge (bei den wenigen Studiengängen, die noch mit Staatsexamen abschließen, sind es die Studienpläne und Prüfungsordnungen). In aller Regel finden Sie diese wie auch weitere Infos für Studieninteressierte auf der Website des betreffenden Instituts/Fachbereichs.

- Welche Berufsperspektive hat der neue Studiengang? Sind die Berufsfelder definiert oder offen und nur vage abgrenzbar? Sie sollten den Umstand berücksichtigen, dass die übliche Lebensphase der Sammlung von Berufserfahrung näher rückt. Wer erst in relativ hohem Alter in die Berufswelt eintritt, dem fällt die Anpassung an die beruflichen Anforderungen schwerer. Das Zeitfenster, in dem noch nach dem Abschluss die berufliche Qualifikation den Praxisanforderungen angepasst werden kann, wird enger (was Arbeitgeber leider auch im Blick haben). Daraus ergibt sich, dass das neue Studium auch in höherem Maße als Brücke in die Berufswelt taugen sollte.

Wenn Sie mehrere Studienoptionen in Betracht ziehen, machen Sie sich Notizen. Es genügt eine simple Plus-Minus-Liste pro Studiengang. Da jede Option Vor- und Nachteile hat (weitere Gesichtspunkte, die zu bedenken sind, werden in den folgenden Abschnitten behandelt), kann es nicht schaden, wenn Sie mit diesen Listen jetzt schon anfangen.

Eindrücke sammeln

Informationen sind eine Sache, die eigene Anschauung durch persönliche Eindrücke eine andere. Weil das so ist, hatten Sie Erwartungen an Ihr erstes Studium, die (irgendwie) enttäuscht wurden. Sie können beispielsweise in Modulhandbüchern eines Studiengangs etwas über bestimmte Anforderungen lesen (**hohe mathematische Anforderungen, besondere Anforderungen an sprachliche Präzision, Belastbarkeit** usw.). Aber was bedeutet das konkret in der Studienrealität? Gleiches gilt für die Frage, ob es sich um interessante Inhalte handelt. Sie können nur etwas interessant finden, das Sie aus eigener Anschauung kennen.

In dieser Hinsicht sind Sie als Studierender in einer **viel besseren Ausgangsposition** als bei Ihrer ersten Studienwahl. Sie haben die Möglichkeit, den Lehr- und Lernbetrieb in dem potenziellen neuen Studiengang zu erleben und das ist aussagekräftiger als nur **theoretische** Informationen. Sie sollten also unbedingt die Chance nutzen, sich unmittelbare Eindrücke zu verschaffen.

Tipp

- Es empfiehlt sich, Lehrveranstaltungen des neuen Studiengangs aus dem Vorlesungsverzeichnis herauszusuchen und über zwei oder drei Wochen hinweg teilzunehmen. Das ist in der Regel ohne weitere Formalitäten möglich. Achten Sie auf eine für den jeweiligen Studiengang repräsentative Auswahl, damit Sie nicht nur interessante Wahlbereiche, sondern auch die Pflichtbereiche kennenlernen. In vielen Studiengängen werden Sie auch Übungen und Einführungsseminare besuchen können.[34]

---

[34] Ausnahmen bestehen nur in bestimmten Fachbereichen, die für Übungen und Seminare einen besonders reglementierten Zugang haben, wie beispielsweise in der Medizin (eng berechnete

- Nutzen Sie die Veranstaltungsbesuche für Gespräche mit den Studierenden des Studiengangs. Die können aus eigener Erfahrung sagen, welche fachlichen Hürden und welche interessanten Teilgebiete auf Sie zukommen. Sie werden auch Auskunft geben können, welches fachliche Einstiegslevel im ersten Semester zugrunde gelegt wurde oder mit Skripten, Übungsaufgaben und Lehrbuchhinweisen weiterhelfen.
- Suchen Sie – besonders bei **kleinen** Fächern – die Institute bzw. Seminare auf. Gespräche mit Fachberatern, Fachschaftsangehörigen, Mitarbeiterinnen und Mitarbeitern oder zufällig anwesenden Studierenden: Alles kann dazu beitragen, um einen **atmosphärischen** Eindruck zu gewinnen.

Hochschulart

Bei der Planung eines Fachwechsels ist es naheliegend zunächst an der Hochschule nach Alternativen zu suchen, an der man studiert. Eine naheliegende Lösung ist aber nicht unbedingt eine gute Lösung. Ziehen Sie also alle Hochschuloptionen in Betracht. Je nachdem, was Ihr ausschlaggebender Grund für den Fachwechsel ist, ergeben sich jeweils unterschiedliche Vor- und Nachteile der verschiedenen Hochschularten.

Kapazitäten, Schutz von Patientendaten, Vorsorge gegen *Quereinsteiger* und Kapazitätsklagen) oder in der Chemie (Laborübungen setzen Sicherheitseinweisungen voraus).

Universität oder Fachhochschule?

Universitäten bieten im Vergleich zu den Fachhochschulen die **tendenziell** stärker forschungsorientierten Studiengänge an, in denen das wissenschaftliche Basiswissen und die Arbeitsmethodik der Disziplin vermittelt werden. Fachhochschulen betonen stärker den Anwendungs- und Berufsbezug ihrer Studienangebote; die Studieninhalte sind an der jeweiligen Berufspraxis ausgerichtet. Daher finden Sie typischerweise an Universitäten Studiengänge wie Physik, Klassische Philologie, Kunstgeschichte oder Pädagogik und an Fachhochschulen Maschinenbau, Dolmetschen, Restaurierung von Kunstwerken oder Sozialpädagogik.

Wenn das Motiv für den Fachwechsel das Vertiefen in ein bestimmtes wissenschaftliches Fachgebiet ist, werden Sie wahrscheinlich eher an Universitäten (den **wissenschaftlichen** Hochschulen) fündig. Wenn Sie in Ihrem bisherigen Studium den für Sie notwendigen Berufsbezug vermissen, ist ein Wechsel von einer Universität an eine Fachhochschule eine gute Lösung. Allerdings gibt es in dieser Hinsicht an Universitäten große Unterschiede je nach Fakultät und Studiengang. Das Spektrum reicht einerseits von staatlich reglementierten Abschlüssen wie Medizin oder Lehramtsstudium, die zur Ausübung der entsprechenden Berufe berechtigen, bis hin zu rein forschungsorientierten Studiengängen wie Ethnologie oder Physik. Manchmal ist der Wechsel in einen **Nachbarstudiengang** mit stärkerem Berufsbezug möglich (siehe unten **Große oder kleine Lösung?**). Andererseits gibt es auch an Fachhochschulen durchaus Studienangebote, in denen der Arbeitsmarkt gesättigt ist (Architektur, Design etc.).

Staatliche oder Private?

Private Hochschulen sind in der Regel kleiner, meist sogar erheblich kleiner als die staatlichen. Das hat Vor- und Nachteile. Sicherlich ist an den privaten Hochschulen die Betreuungsrelation (Studierende pro Dozent) erheblich günstiger. Wenn Sie also mit dem vergleichsweise anonymen Studiensystem einer staatlichen Hochschule nicht zurechtkommen, wird Ihnen dieses Problem an den Privaten abgenommen. Das lassen sich diese aber mit hohen monatlichen Studiengebühren bezahlen.

Die Studienangebote der meisten privaten Hochschulen orientieren sich an der Nachfrage. Oft werden **klassische** Studiengänge der staatlichen Hochschulen mit modifiziertem, aber marketinggerechtem Namen angeboten. Prüfen Sie, ob Ihnen das die höheren Kosten wert ist. Sie erkennen es leicht, wenn Sie die Modulpläne vergleichen und beispielsweise feststellen, dass in BWL und International Management das Gleiche gemacht wird. Bei den vielgerühmten Praxiskontakten der privaten Hochschulen sollten Sie berücksichtigen, dass dies [1] häufig mit einer starken Festlegung auf eine Branche, manchmal sogar auf ein Unternehmen verbunden ist, und dass [2] Praxiskontakt nicht automatisch einen Berufseinstieg in Spitzenpositionen bedeutet.

Private Hochschulen spielen in Deutschland eine geringere Rolle als beispielsweise im angloamerikanischen Raum. Die meisten Privaten haben eine Anerkennung als Fachhochschule. Nur zwölf private Hochschulen[35] haben das sogenannte Promotionsrecht, was bedeutet, dass sie Universitätsstatus haben oder gleichgestellt sind. Abgesehen von diesen wenigen angesehenen Privathochschulen mit sehr selektivem Zugang erreichen die Privaten in der Regel nicht das wissenschaftliche Niveau der staatlichen Universitäten.

[35] Hochschulkompass, Stand 01.05.2016, nicht berücksichtigt wurden Hochschulen in kirchlicher Trägerschaft sowie Kunst- und Musikhochschulen.

Studienberatung

Alle Hochschulen haben eine Zentrale Studienberatung. Hier können auch Fachwechsler eine Entscheidungshilfe im Rahmen eines persönlichen Beratungsgesprächs bekommen. Wenn Sie das Gespräch durch Ihre Informationsrecherche vorbereiten, ist die Chance gut, dass es Ihnen zumindest einen Schritt weiterhilft. Wenn Überforderung ein Motiv für den Fachwechsel ist und Sie eine Einschätzung suchen, ob Sie ein schlechter Studierender sind oder ob Ihre Defizite im normalen Rahmen liegen, dann sollten Sie zunächst mit der Fachberatung Ihres alten Studiengangs sprechen und abklären, ob Sie noch eine Perspektive in dem alten Studiengang haben.

Große oder kleine Lösung?

Bei einem Fachwechsel haben Sie grundsätzlich zwei Optionen unterschiedlicher Tragweite:

[1] Sie planen einen **kompletten Neuanfang** in einem Studiengang einer anderen Fachrichtung oder Fakultät. Das bedeutet, dass Sie den Studienabschluss **und** Ihre Studienfächer wechseln. Alle bisher erbrachten Leistungen sind (rein arbeitsökonomisch betrachtet) verloren.

[2] Sie **wechseln den Studienabschluss** und behalten Ihre derzeitigen Studienfächer ganz oder teilweise bei.

Der erste Fall liegt nahe, wenn Ihr erstes Studium eine völlige Fehlwahl war. Da man das frühzeitig merkt, gleichen sich der Verlust an Arbeit (Studienleistungen) und der Gewinn an Lebenserfahrung ungefähr aus. Ein solch ausgesprochener Irrweg ist mit einer kleinen Korrektur der Richtung nicht zu beheben. Das hängt damit zusammen, dass mit dem alten Studium eine Fachmethodik – also letztlich eine Denkweise und eine bestimmte Art des Wissens – sich als unkluge Wahl erwiesen hat. Die Alternative besteht in einem grundsätzlich anderen Studium, das den eigenen Interessen, Fähigkeiten und Zielen besser entspricht und eine größere intellektuelle Herausforderung darstellt. Auch rein zulassungsrechtlich handelt es sich um einen völligen Neuanfang. Sie müssen wieder, wie andere Studienanfänger auch, einen Zulassungsantrag zum ersten Semester stellen.

Der zweite Fall liegt nahe, wenn das alte Studium eben nicht so ganz falsch war. Sie wechseln in einen Studiengang mit sich überschneidenden Studienanteilen oder -fächern. In diesem Fall sind die bisher erbrachten Leistungen nicht oder nur teilweise verloren. Sie stellen einen Anrechnungsantrag beim Prüfungsamt des neuen Studiengangs und wechseln dann in ein höheres Semester. (Studierendensekretariate verlangen bei einem Fachwechsel mit sich überschneidenden Studienanteilen regelmäßig eine Anrechnungsbescheinigung und damit verbunden eine Semestereinstufung.) Rein zulassungsrechtlich handelt es sich um einen Quereinstieg in ein höheres Semester. Wenn Sie nur eines von zwei Fächern wechseln, wird die Zahl der Fachsemester (Semesterzahl in dem betreffenden Fach) divergieren. Das ist grundsätzlich kein Problem. Es gibt keine Mindestzahl von Semestern, die absolviert werden müssten. Meistens lässt sich die Differenz dadurch ausgleichen, dass in dem neuen Fach schneller Leistungen erbracht werden.

Eine Rolle spielt bei der kleinen Lösung oft eine Verbesserung der Berufschancen und/oder einen stärkeren Anwendungsbezug durch den neuen Abschluss wie beispielsweise von einem Bachelorstudium zum Lehramtsstudium, von VWL zu BWL oder von Mathematik zu Physik. Wenn das Motiv für den Fachwechsel Überforderung ist, kann manchmal auch durch den Wechsel des Abschlusses eine Reduzierung der Anforderungen erreicht werden (beispielsweise Wechsel vom Lehramt für Gymnasien zum Lehramt für Mittelstufenschulen).

Ein Quereinstieg wird auch gerne versucht, um die NC-Hürden zu umgehen, die bei vielen zulassungsbeschränkten Studiengängen den Einstieg in das erste Semester zu einem großen Problem machen. Die Strategie ist entsprechend: Einstieg in einen Studiengang, der niedrigere NC-Hürden hat als das Wunschstudium und in dem Leistungen erbracht werden können, die auf das Wunschstudium angerechnet werden. Nach erfolgter Anrechnung wird dann ein Zulassungsantrag für das betreffende höhere Fachsemester des neuen Studiengangs gestellt. Die Chancen für ein solches Manöver sind je nach Hochschule unterschiedlich, da Ihnen Zulassungsbeschränkungen in höheren Fachsemestern einen Strich durch die Rechnung machen können. Eine Faustregel besagt, dass so etwas in abgelegenen Studienstandorten eher funktionieren könnte als in beliebten Hochschulstädten. Es empfiehlt sich, schon bei der Planung unbedingt die jeweilige Zentrale Studienberatung nach den Aussichten zu befragen.

5.3 Was Sie auch bedenken sollten

Wenn Sie ein für Sie ideales Studium gefunden haben, heißt das leider noch lange nicht, dass der Plan auch ohne Weiteres realisierbar ist. Einiges kann dazwischenkommen. Damit Sie diese Hürden frühzeitig einkalkulieren, sollen die wichtigsten kurz beschrieben werden.

Haben Sie alle Voraussetzungen?

Hochschulzugangsberechtigung

Wenn Sie das Abitur erworben haben, besitzen Sie damit für alle Hochschulen grundsätzlich die allgemeine **Hochschulzugangsberechtigung**, die HZB. So weit, so gut, damit dürfen Sie alles studieren. Wenn Sie aber umgekehrt eine fachgebundene Hochschulreife haben, müssen Sie die Fachbindung (ersichtlich aus dem Schulabschlusszeugnis) berücksichtigen. Bei Unklarheiten wird Ihnen die Zentrale Studienberatung einer Hochschule des Bundeslandes, in dem Sie die Hochschulreife erworben haben, weiterhelfen können. Aus einer Fachhochschulreife und auch aus einer fachgebundenen Hochschulreife wird eine allgemeine Hochschulreife, wenn Sie einen ersten Studienabschluss erworben haben. Diese für Sie positive Regelung hat leider einen Schönheitsfehler, den Sie bei Ihrer Planung berücksichtigen sollten. Bei einem anschließenden Zulassungsantrag für einen zulassungsbeschränkten Studiengang sind Sie **Zweitstudienbewerber**, für die nur 3 Prozent der Studienplätze zur Verfügung stehen. In manchen Studiengängen, die bei Zweitstudienbewerbern beliebt sind (Psychologie, Medizin etc.), führt das zu schlechten Zulassungschancen für Zweitstudienbewerber.

Pflichtpraktika

Klären Sie bei der Studienberatung Ihrer Zielhochschule, ob Ihr Wunschstudiengang ein Praktikum als Einschreibevoraussetzung vorschreibt. An Universitäten ist dies selten der Fall. Für einige Studiengänge an Fachhochschulen ist ein Vorpraktikum erforderlich, das aber manchmal auch nach Studienaufnahme ganz oder teilweise nachgeholt werden kann.

Fremdsprachenkenntnisse

Ebenfalls einkalkulieren müssen Sie eventuelle besondere Fremdsprachenkenntnisse. Auch hier gibt es eine Faustformel: Englischkenntnisse gelten als Selbstverständlichkeit. Studiengänge geistes- und kulturwissenschaftlicher Fachbereiche verlangen meistens weitere Kenntnisse wie das Latinum oder eine weitere moderne europäische Fremdsprache. Sie müssen also genau hinschauen (Modulhandbücher, Fachberatung), damit Ihnen vor dem Fachwechsel klar ist, welcher Arbeitsaufwand auf Sie zukommt. In der Regel können fehlende Fremdsprachenkenntnisse in den Anfangssemestern nachgeholt werden.

Eignungsprüfungen

Studiengänge mit wesentlichen musisch-praktischen Anteilen erfordern den Nachweis einer musikalischen bzw. künstlerischen Eignung. Gleiches gilt für ein Sportstudium. Da dies eine längerfristige Vorbereitung erfordert, müssen Sie den Aufwand frühzeitig einplanen.

Zulassungshürden

Studieren Sie in einer unter jungen Leuten beliebten Stadt? Das ist einerseits schön, hat aber bei einem Fachwechsel einen Nachteil: Beliebte Stadt heißt hohe Bewerberzahlen und das bedeutet Zulassungshürden, also **NC-Probleme**. Falls Sie das Glück haben, dass Ihr Wunschstudium zulassungsfrei ist, können Sie diesen Abschnitt getrost überspringen. Aber Zulassungsbeschränkungen sind leider seit Jahren auf dem Vormarsch.

Wie die Zulassungsmodalitäten und -hürden genau aussehen, hängt davon ab, ob Sie sich zum ersten Semester (die **große Lösung**, also völlig neuer Studiengang) oder für ein höheres Fachsemester (Quereinstieg, die **kleine Lösung**) bewerben.

- Bewerbung zum 1. Fachsemester: Sie müssen grundsätzlich mit den gleichen Numerus-clausus-Problemen rechnen wie völlige Studienanfänger auch. Hatten Sie bei Ihrem ersten Studium ein **NC-Problem**, dann haben Sie es jetzt wahrscheinlich immer noch. Die Tatsache, dass Sie bereits an der betreffenden Hochschule eingeschrieben sind, bringt Ihnen bei einem Fachwechsel **keinen Vorteil**. Es bringt Ihnen aber auch keinen Nachteil, das heißt, Sie haben die gleichen Rechte, einen Zulassungsantrag zu stellen wie Erstbewerber auch. Die Auswahl erfolgt also wie üblich nach Abiturdurchschnittsnote. An manchen Hochschulen werden zusätzlich weitere Kriterien wie beispielsweise gewichtete Fachnoten, Studierfähigkeitstests, Auswahlgespräche oder Berufsausbildungen in Kombination mit der Abiturnote berücksichtigt.

Falls Sie nach dem Abitur nicht sofort studiert haben, hatten Sie (automatisch) Wartesemester angesammelt, die durch die erste Einschreibung nicht verfallen, sondern in der Wartezeitquote noch gültig sind. Einkalkulieren müssen Sie aber, dass Ihre Studiensemester nicht als Wartesemester berücksichtigt werden. Fachwechsler sind auch keine sogenannten Zweitstudienbewerber, wie gelegentlich irrtümlich angenommen wird.[36]

- Bewerbung zum höheren Semester: Bei einem Quereinstieg (die **kleine Lösung**) beantragen Sie eine Zulassung zu einem höheren Fachsemester. Die höheren Fachsemester unterliegen in beliebten Studiengängen an beliebten Studienstandorten häufig auch einer Kapazitätsbegrenzung (begrenzte Zahl von Studienplätzen in dem betreffenden höheren Fachsemester). Ihre Abiturnote oder eventuelle Wartesemester spielen keine Rolle. Ein Zulassungsantrag zu einem höheren Fachsemester ist nur dann erfolgreich, wenn es in dem betreffenden höheren Fachsemester freie Studienplätze gibt. Da Ortswechsler (das sind die Leute, die den gleichen Studiengang an einer anderen Hochschule schon studieren und ausgerechnet an Ihre Wunschhochschule wollen) den Quereinsteigern vorgezogen werden, gehen Quereinsteiger in dieser Konkurrenzsituation (beliebter Studiengang) häufig leer aus.

Beide Wege bedeuten im Klartext: Unsicherheit. Sowohl der Antrag zum 1. Fachsemester als auch der Quereinstieg in ein höheres Fachsemester klappt nur unter bestimmten Voraussetzungen (Ihr Abiturnotendurchschnitt im ersten Fall,

---

[36] Zweitstudienbewerber sind nur Bewerber, die bereits einen *Studienabschluss* haben.

Zulassungsbeschränkungen bzw. Kapazitätsauslastung in höheren Fachsemestern im zweiten Fall). Wegen dieser Unsicherheiten müssen Sie dieses mögliche Hindernis schon bei der Auswahl Ihrer Studienalternative im Blick haben. Die Zulassungshürden bedeuten, dass Sie damit rechnen müssen, Ihr Wunschstudium nur an einem anderen Studienort realisieren zu können, weil dort die NC-Probleme kleiner sind. Ihre örtliche Flexibilität wird also möglicherweise auf eine harte Probe gestellt.

BAföG

Wenn Sie BAföG-Förderung beziehen oder in der Zukunft beziehen wollen, hat das Einfluss auf Ihren Spielraum für einen Fachwechsel. BAföG-Förderung schließt einen Fachwechsel grundsätzlich nicht aus. Wenn der Fachwechsel nach dem 1. oder 2. Semester erfolgt, muss er dem BAföG-Amt nur angezeigt werden und die Förderung läuft weiter. Bei einem Fachwechsel bis zum Ende des 3. Semesters läuft die BAföG-Förderung nur weiter, wenn ein **wichtiger Grund** geltend gemacht wird (beispielsweise mangelnde intellektuelle Eignung oder ein schwerwiegender und grundsätzlicher Neigungswandel). Danach muss es dann schon ein **unabweisbarer Grund** sein, sonst ist Schluss mit der Förderung. Es spielt auch keine Rolle, ob vor dem Fachwechsel auf BAföG verzichtet wurde oder nicht. Auf jeden Fall sollten Sie vor einem Fachwechsel mit Ihrem Sachbearbeiter im BAföG-Amt sprechen.

5.4 Ihr Zeitplan für den Wechsel

Ein Fachwechsel ist grundsätzlich immer möglich, aber nur semesterweise. Dadurch wird sich eine zeitliche Lücke zwischen Ihrer Entscheidung und dem Beginn des neuen Studiums ergeben. Wie groß diese Lücke ist, hängt davon ab, ob Sie sich zu Beginn, in der Mitte oder am Ende eines laufenden Semesters entscheiden. Die Lücke wird größer sein, wenn das nächste Semester ein Sommersemester ist und das neue Studium nur jeweils zum Wintersemester beginnt. Wir reden also von möglicherweise einem halben oder vielleicht auch von eineinhalb Semestern. Was fangen Sie mit dieser erzwungenen Übergangszeit an?

Wenn Sie sich bei der Entscheidung über den Fachwechsel noch nicht ganz sicher sind, können Sie Ihrem alten Studium noch eine Chance geben. Sie können zweigleisig fahren. Obwohl Sie möglicherweise schon eine Zulassung für das neue Studium beantragt haben oder beantragen werden, können Sie im alten Studiengang Klausuren des noch laufenden Semesters mitschreiben. Vielleicht erleben Sie ja doch noch eine positive Überraschung, weil der Erfolgsdruck weggefallen ist und Sie ganz entspannt und locker in die Prüfung gehen.

Wenn Sie sich sicher sind, dass das alte Studium eine Fehlwahl war, dann können Sie dessen Lehrveranstaltungen weiter besuchen, müssen Sie aber nicht. Die Zeit oder einen Teil der Zeit können Sie besser nutzen, um die Wahl des neuen Studiengangs abzusichern. Sie können:

Tipp

- Vorlesungen des neuen Studiengangs besuchen, um unmittelbare Eindrücke zu sammeln und sich der Entscheidung sicher zu werden (wie im vorigen Abschnitt empfohlen);
- ein einschlägiges Praktikum absolvieren in einem Tätigkeitsbereich, der typischerweise für Absolventen des neuen Studiums in Betracht kommt. Zu wissen, wie eine berufliche Perspektive aussehen könnte und dass sie für Sie attraktiv ist, hilft ebenfalls bei der Absicherung der Entscheidung.

Eventuell (wenn die Lücke ein ganzes Semester beträgt) ist auch der Erwerb von Leistungen möglich, die vom Prüfungsamt des neuen Studiengangs angerechnet werden. Ein solcher Spielraum besteht manchmal in dem fachübergreifenden Wahlbereich eines Bachelorstudiums (Studium Integrale, Studium Generale; die Bezeichnungen variieren).

Um einem häufigen Missverständnis vorzubeugen: Der Zulassungsantrag für ein neues Studium erfordert nicht eine vorherige Exmatrikulation. Sie stellen die Anträge noch als Studierender des alten Studiums (ergibt sich automatisch aus den Bewerbungsfristen). Falls Sie eine Zulassung an Ihrer bisherigen Hochschule bekommen, müssen Sie nur einen Fachwechsel beim Immatrikulationsbüro/Studierendensekretariat vornehmen. Andernfalls ist ein Hochschulwechsel notwendig. Die neue Hochschule wird bei der Einschreibung die Exmatrikulationsbescheinigung der alten Hochschule verlangen; erst dann müssen Sie also den alten Studienplatz rein rechtlich aufgeben. Den an der alten Hochschule eventuell schon bezahlten Semesterbeitrag können Sie sich bei der Exmatrikulation rückerstatten lassen, da in der Regel die Exmatrikulation vor dem formellen Semesterbeginn des Folgesemesters erfolgt.

5.5 Was tun bei verlorenem Prüfungsanspruch?

Nach einer bestimmten Anzahl von nicht-bestandenen Prüfungen verlieren Sie den Prüfungsanspruch für Ihren Studiengang. Das bedeutet in der Konsequenz: Sie können definitiv den bisherigen Studiengang nicht fortsetzen. Das gilt für den betreffenden Studiengang und manchmal auch für alle Studiengänge der betreffenden Fakultät. Schlimmer noch: Sie müssen davon ausgehen, dass der Verlust des Prüfungsanspruches auch an anderen Hochschulen gilt. Das betreffende Studium darf also auch an anderen Hochschulen nicht mehr fortgesetzt werden. Ein Hochschulwechsel hilft also nicht. Bei der Einschreibung an der neuen Hochschule müssen Sie bestätigen (schriftlich), dass Sie in dem Studiengang keine Prüfungen endgültig nicht bestanden haben. Häufig wird auch eine Bescheinigung des (bisherigen) Prüfungsamtes verlangt.

Dies ist aber eine relativ grobe Faustregel. In gering strukturierten Studiengängen gibt es eher Schlupflöcher, weil die Bezeichnungen und Abgrenzungen der Fächer variieren. Da lohnt sich eine Nachfrage beim Prüfungsamt der neuen Hochschule. Dagegen gibt es in reglementierten Studiengängen wie Medizin oder Jura keine solchen Schlupflöcher. Auch in stärker strukturierten Studiengängen (Naturwissenschaften, Ingenieurwisswissenschaften) wird eine Fortsetzung an einer anderen Hochschule kaum möglich sein.

Grundsätzlich gilt die Regelung auch dann, wenn von einer Universität zu einer Fachhochschule oder umgekehrt gewechselt wird. Hier ist aber eventuell der Spielraum für Schlupflöcher groß, weil die nominellen Bezeichnungen der Studiengänge stärker variieren. Kleine Fachhochschulen in abgelegenen, kleinen (und bei jungen Leuten unattraktiven) Studienorten sehen die Sache vielleicht nicht so streng.

▶ *Tipp*

Private Fachhochschulen[37] können eine Lösung sein. Zahlende Kunden werden nicht so rasch abgewiesen. Das ist zwar eine teure Lösung, kann

[37] Die wenigen privaten Universitäten, die es in Deutschland gibt, haben einen sehr selektiven Zugang und kommen deshalb selten in Betracht.

sich aber rechnen, wenn dadurch in einer überschaubaren Semesterzahl ein Abschluss erreicht werden kann.

Verlorener Prüfungsanspruch bedeutet eindeutige Leistungsdefizite. In einem strukturierten Bachelorstudium, in dem schon in den Anfangssemestern alle Klausuren und mündliche Prüfungen gleichzeitig Bachelor-Prüfungsleistungen sind, kann es Ihnen relativ früh passieren, dass Sie den Prüfungsanspruch verlieren. In dieser Phase macht nur ein Fachwechsel in ein Studium einer ganz anderen Fachrichtung Sinn, wenn der neue Studiengang die **fachlichen Hürden eindeutig nicht** hat. Beispielsweise kann ein Mathematikstudent, dem die Anforderungen zu hoch sind und der mal wieder an das Wort Freizeit denken möchte, zu Betriebswirtschaftslehre wechseln, wo die Mathematikanforderungen eindeutig qualitativ (nicht: quantitativ) niedriger sind. Gibt es eine solche Alternative nicht, bleibt nur der Umstieg in die Berufswelt.

6 Steigen Sie um ins Berufsleben

6.1 Die Lösung für Praktiker

Wenn die Fortsetzung des bisherigen Studiums ausscheidet und wenn es keine sinnvolle Studienalternative gibt, dann ist es Zeit, den Umstieg in die Berufswelt in Angriff zu nehmen. Damit kommen wir zu der Lösung für alle,

- denen der Hochschulbetrieb zu praxisfern ist;
- die sich im Laufe der Semester innerlich immer mehr vom Studienbetrieb entfernt haben und in Nebenjobs oder Teilzeitarbeit eine befriedigendere Art und Weise des Arbeitens gefunden haben;
- die durch fehlgeschlagene Prüfungen oder äußere Umstände gezwungen sind, ihr Studium ohne Abschluss zu beenden.

Die Probleme haben einen gemeinsamen Nenner: Der Kandidat für diese Lösung empfindet sein Studium als zu theoretisch, zu praxisfern oder zu weit entfernt vom richtigen (Berufs-)Leben. Wenn das bei Ihnen so ist, liegt das nicht unbedingt an Ihnen, sondern häufig am Studiensystem selbst. Ein Studium ist in gewissem Sinn immer ein **Lernen auf Vorrat**. Sie erwerben viel Wissen und im günstigen Fall auch Kompetenzen mit dem Ziel, das alles nach dem Abschluss – irgendwann – in der Zukunft einmal anzuwenden. Der Wissensvorrat, den Sie erwerben sollen, gilt als Nachweis Ihrer kognitiven Leistungsfähigkeit. Am Ende gibt es zur Belohnung das Abschlusszeugnis, das als Eintrittskarte in die Berufswelt fungiert. Auch Kompetenzen, also jedes konkrete Können, das Sie im Studium erwerben, stellen nur **Trockenübungen** dar, denn der Ernstfall kommt erst nach dem Studium. Und damit sind wir bei dem Problem, das die Kandidaten für diese Lösung einer Studienkrise mit dem gängigen Studienbetrieb haben. Die Betreffenden interessieren sich nicht für **Spielgeld**, sie wollen sich lieber umgehend in der Berufswelt selbst bewähren. Es liegt ihnen nicht, Wissen zu erwerben, das sie möglicherweise niemals wieder brauchen. Sie suchen nicht das Erfolgserlebnis einer guten Note, sondern das Erfolgserlebnis der Lösung eines praktischen Problems.

Falsche Vorstellungen über die Studienbedingungen, falsche Vorstellung davon, was Lernen in der Hochschule bedeutet, oder falsche Vorstellungen davon, zu was das Gelernte eigentlich gut sein soll: Letztlich weiß man erst, was ein Studium bringt und was nicht, wenn man es probiert hat und eigene Erfahrungen gesammelt hat. Werden die Erwartungen enttäuscht, ist die anfängliche Motivation irgendwann verschwunden. Das Gefühl, mit dem Studium nicht mehr oder viel zu langsam voranzukommen, wird zu einer immer größeren Belastung, je mehr Zeit verstreicht. Wenn es zu dem jetzigen Studiengang, an den Sie nur noch mit Widerwillen denken, keine Studienalternative gibt, die fachlich und beruflich sinnvoll ist, sollten Sie sich von diesem **Ballast** schnellstens befreien.

Sicherlich hat ein Verlassen der Hochschule ohne Abschluss in Deutschland ein negatives Image. Bezeichnend ist das Bild von prominenten Studienabbrechern in unseren Medien: Nach diesem Klischee haben Günter Jauch, Bill Gates und die vielen anderen es **trotzdem** zu etwas gebracht. Vermutlich würde ein Amerikaner sagen, Bill Gates hat es zu etwas gebracht, **weil** er sich nicht lange damit aufgehalten hat, an einer Hochschule auf Vorrat zu lernen. Viel Wissen ist nicht das Gleiche wie Probleme lösen können. Wenn Sie also in diesem positiven Sinn ein **Praktiker** sind, dann sollten Sie sich nicht lange vom negativen Image des Ausstiegs abhalten lassen, Ihr Können auch zu nutzen.

Sie sind unsicher, ob der Start ins Berufsleben für Sie eine gute Option ist? Machen Sie ein kleines Gedankenexperiment: Was müsste sich ändern, damit Sie den Abschluss Ihres Studiums doch noch machen? Müssten Sie Ihren Tagesablauf komplett ändern, weil Sie in den letzten Semestern die Hochschule nicht mehr von innen gesehen haben und stattdessen gejobbt oder auch zielgerichtet gearbeitet haben? Müssten Sie sich erst wieder an die Verhaltensspielregeln und Leistungsmaßstäbe der Hochschule, die Ihnen fremd geworden sind, anpassen? Müssten Sie lange suchen, bevor Sie noch irgendeinen Dozenten, und sei es auch nur der Assistent von irgendeinem Dozenten, finden, der sich noch vage an Sie erinnert? (Den Schein für das Referat, das Sie vor drei Semestern gehalten und den Sie nie abgeholt haben, den hat er leider auch nicht mehr.) Wollen Sie diesen Aufwand in die **Voraussetzungen** eines Studienfortschritts investieren? Erscheint Ihnen diese Investition sinnvoll, verglichen mit der Perspektive, **unmittelbar** an konkreten Fortschritten in der Berufswelt zu arbeiten? Wenn nein, dann haben Sie vermutlich nichts zu verlieren, wenn Sie sich freundlich aber bestimmt von Ihrer Hochschule verabschieden.

Ein Trost bleibt Ihnen: Die Option eines Studiums ist nach dem Wechsel in die Berufswelt nicht für alle Zeiten verschlossen, im Gegenteil. Wenn Sie in einigen Jahren Ihre Prioritäten ändern und wieder ein Studium aufnehmen wollen, stehen Ihre Chancen gut, bei der Auswahl eines Studiums in einer **besseren Situation** zu sein als beim ersten Anlauf. Nach den derzeitigen Auswahlverfahren in zulassungsbeschränkten Studiengängen gelten auch die studienfreien Semester nach der Exmatrikulation als Wartesemester. Das verbessert Ihre Aussichten, zu einem späteren Zeitpunkt auf ein eventuelles Wunschstudium zurückzukommen.

6.2 Ballast abwerfen – Blockaden überwinden

Nichts können Sie in einer solchen Umbruchsituation weniger brauchen als negative Emotionen, die Sie zusätzlich zu den realen Problemen ausbremsen. Besonders wenn der Ausstieg schleichend und über längere Zeit erfolgt, sind häufig diese inneren Blockaden nicht bewusst oder sie werden beiseitegeschoben, weil sie nun einmal unangenehm sind. Sie stehen dem entgegen, was in dieser Situation am meisten zählt, nämlich aktiv zu werden und etwas zu unternehmen. Das erfordert Konzentration statt Ablenkung und die Entschlossenheit, den Umstieg zu bewältigen. Blockaden sind gefühlsmäßiger Ballast, von dem Sie sich frei machen sollten.

Solche Blockaden wachsen mit der Dauer einer Studienkrise. Je länger der Leistungsstillstand schon andauert, desto geringer wird Ihr Selbstbewusstsein sein und desto mehr sickern solche Blockaden in Ihr Gefühlsleben und desto intensiver werden Sie sich damit befassen müssen, diese wieder loszuwerden.

Angst vor dem Unbekannten

Nicht jeder Ausstieg aus der Hochschule ist eine dramatische Angelegenheit. Wenn Sie frühzeitig die Entscheidung getroffen haben, in die Berufswelt umzusteigen und sich ebenso frühzeitig einen Ausbildungsweg gesucht haben, war dieser Schritt wahrscheinlich nicht mit großen emotionalen Belastungen verbunden. Aber leider läuft der Umstieg selten so problemlos. In den meisten Fällen dominieren Ängste: die Angst davor, vor sich und vor anderen das Scheitern einzugestehen, und die Angst vor einer neuen, unbekannten Umbruchsituation, also einer Krisensituation, die Sie zum ersten Mal in Ihrem Leben weitgehend selbst bewältigen müssen. Je länger Sie zögern, desto größer wird die Angstschwelle, die Sie daran hindert, zu handeln und einen relativ glatten Übergang zu organisieren.

Angst ist eine normale Reaktion unserer Psyche auf neue, ungewisse Situationen des Umbruchs. Jeder, der etwas Unbekanntes und Unsicheres in Angriff nehmen muss, wird diese Situation als bedrohlich erleben und Angst empfinden. Verstärkt wird diese Angst durch Unwissenheit: Je weniger Sie darüber wissen, was auf Sie zukommt und was Sie tun sollten, desto mehr nehmen Sie die Situation als Belastung (**Scheitern**) und nicht einfach als Realität (**Jobsuche**) wahr. Diese Unwissenheit führt schließlich zu Unsicherheit: Unsicherheit wie das Problem gelöst werden kann; Unsicherheit, was die beste Option ist; Unsicherheit, wie es weitergehen soll. Alles erscheint riskant. Diese Unsicherheit werden Ihre Gesprächspartner in der Berufswelt **wahrnehmen** und darauf negativ reagieren.

Gegen diese Angst vor dem Unbekannten hilft Wissen und das Selbstvertrauen, den Umstieg ins Berufsleben bewältigen zu können.

▶ *Tipp*

Je mehr Sie darüber wissen, was Sie tun können und welche Möglichkeiten für Sie in der Berufswelt bestehen, desto deutlicher entwickeln Sie eine Vorstellung von der besten Lösung.

Dieses Wissen über mögliche Wege baut die Unsicherheit ab und stärkt Ihr Selbstvertrauen und Ihre Vorstellung von Ihrem zukünftigen Weg. Das Resultat ist eine Zuversicht, die nach und nach die Angst ersetzt. Diese Zuversicht werden Ihre Gesprächspartner in der Berufswelt **ebenfalls wahrnehmen** und darauf positiv reagieren.

Bedauern

Was erwartet ein Personalverantwortlicher, bei dem Sie sich um einen Praktikumsplatz oder um einen Job bemühen? Wer kann vor diesem Personalverantwortlichen überzeugender auftreten?

Jemand, der vorwiegend

- über die Katastrophe, gescheitert zu sein,
- über die entgangenen Berufschancen,
- über die verlorene Arbeit,
- über die Vergangenheit nachdenkt;

oder jemand, der

- aus Fehlern lernen will,
- seine Berufschancen realistisch einschätzt,
- seine Arbeitskraft in neue Wege investieren will,
- über die Zukunft nachdenkt?

Ähnlich wie die Angst vor dem Neuen steht das Bedauern über den vermeintlichen oder tatsächlichen Verlust an Berufschancen einem überzeugenden Auftreten beim Berufsstart im Weg. Jetzt, wo es ernst wird und Sie tatsächlich die Hochschule verlassen wollen, finden Sie es bedauerlich, das Studium aufzugeben. Aber vielleicht spielt Ihre Psyche Ihnen auch nur einen Streich.

> Seit der Steinzeit sind Menschen darauf programmiert, für Notzeiten vorzusorgen. In einer Zeit ohne Arbeitslosenversicherung und Sozialhilfe war es überlebenswichtig, Vorräte für schlechte Zeiten anzulegen. Dieser Instinkt ist

auch beim modernen Menschen noch nicht so ganz verschwunden. Durch die bloße Tatsache, dass sich ein Gut in unserem Besitz befindet, erscheint es uns viel begehrenswerter. In einem Experiment waren Studenten bereit, für eine Basketball-Eintrittskarte durchschnittlich 170 Dollar zu bezahlen. Eine Vergleichsgruppe von Studenten hatte Karten für das gleiche Spiel in einer Verlosung gewonnen. Gefragt, für wie viel Geld sie diese Karten verkaufen würden, verlangten Sie durchschnittlich 2.400 Dollar! Allein durch den Besitz der Eintrittskarte war diese rund um das 14-fache im Wert gestiegen.[38]

Was wir besitzen, geben wir ungern wieder her. Das gilt auch für den sozialen Status, auf den Sie als Studierender gleichsam Anwärter waren. Anstatt neue Möglichkeiten im Berufsleben auszuloten, hängen Sie dem nach, was Sie bisher im Besitz zu haben glaubten. Aber hätte ein überlanges Studium, selbst wenn es beendet würde, wirklich dabei geholfen, den erhofften Status doch noch zu erreichen? Wohl kaum, aber es fällt schwer, sich von dieser Illusion zu verabschieden und die Konsequenz zu ziehen. Die Folge: Sie trauern der Vergangenheit nach, anstatt sich mit den zukünftigen neuen Wegen auseinanderzusetzen.

Daneben gibt es auch das Bedauern über die scheinbar verlorene Arbeit und Zeit. Darüber müssen Sie sich nur Sorgen machen, wenn Sie von der Vorstellung ausgehen, dass Lebensläufe immer geradlinig auf ein bestimmtes Ziel ausgerichtet sein sollten. Wirklich **verloren** ist eine Arbeitsinvestition in Lernen und persönliche Entwicklung nie. Sie haben etwas gelernt und sei es etwas über sich selbst.

---

[38] Carmon, Ziv/Ariely, Dan 2000, S. 360–370

Enttäuschte Erwartungen anderer

Eltern, Freunde, Lebenspartner – da ist immer jemand, der Sie schon als erfolgreichen Hochschulabsolventen sah. Bei den Betreffenden ist die Botschaft noch nicht angekommen, dass Sie vielleicht ein Absolvent, aber bestimmt kein erfolgreicher Absolvent geworden wären. Das ist schwer zu vermitteln und das sind keine angenehmen Gespräche.

▶ *Tipp*

Sie sollten diese Gespräche nicht aufschieben. Sie werden nicht so schlimm sein, wie Sie befürchten, denn Sie können mit dieser Entscheidung niemanden enttäuschen, der es gut mit Ihnen meint.

Echte Besorgtheit richtet sich darauf, wie es Ihnen geht, und nicht auf Ihren sozialen Status oder Ihre Karriere. Wenn Sie dem Betreffenden Ihre Situation und Ihre neuen Vorstellungen erklären, wird er beruhigt und nicht enttäuscht sein. Rechnen Sie damit, dass Eltern, Freunde oder Lebenspartner sich ohnehin schon gefragt haben, wie lange Sie sich den Studienstress noch antun wollen.

Vorurteile

„Studienabbrecher stellt doch keiner ein."

Eingestellt werden muss ja auch genau genommen nur ein einziger Studienabbrecher, nämlich Sie.

> *„Ich soll eine Ausbildung machen? Unmöglich! Ausbildungen sind unter meinem intellektuellen Niveau."*

Eine Verschiebung der kognitiven Anforderungen von **Theorie** und **Wissen** hin zu **Praxis** und **Können** bedeutet andere, aber heutzutage nicht geringere Anforderungen.

> *„Ein Lebenslauf sollte zielgerichtet sein."*

Das gilt, wenn überhaupt, immer nur für begrenzte Lebensabschnitte, denen Kurskorrekturen folgen. Lebensläufe sind nicht immer gerade. Es gibt Lebensläufe wie Autobahnen und solche wie Pfade durch einen Dschungel. Hilfreicher ist die Vorstellung, dass wir uns im Leben auch auf Umwegen in eine Richtung bewegen können.

> *„Was man anfängt, muss man auch zu Ende machen."*

Was Sie angefangen haben, ist schon beendet: Das Studium eines Themengebietes, das Sie interessiert, in dem Sie Lernfortschritte erzielen und mit dem Sie sich in den nächsten 40 Jahren identifizieren.

> „Ohne Hochschulabschluss verdiene ich weniger."

Was Ihre Einkommenserwartungen betrifft, dürften die sich durch den Umstieg im Vergleich zu vielen Absolventen geistes-, kultur- und sozialwissenschaftlicher Abschlüsse eher verbessern. Das gilt insbesondere, wenn Sie realistischerweise das gesamte Lebenseinkommen kalkulieren.

Abgesehen davon, dass Ausbildungen tatsächlich im Vergleich zum Studium einen schwachen Imagefaktor haben, ist an diesen Vorurteilen nichts dran. Solche und ähnliche Vorurteile beruhen hauptsächlich auf Unwissen. Sie verschwinden zusammen mit der Angst vor dem Unbekannten, wenn Sie sich mit Ihren Optionen für den Ausstieg intensiver befassen.

Der Ausstieg aus der Hochschule und der Neustart im Berufsleben bedeutet also keineswegs automatisch einen Rückschritt oder ein Absenken der beruflichen Ziele. Aber er befreit von einer Menge Ballast, die die letzten Semester bei Ihnen hinterlassen haben: Unerledigtes, Misserfolge, unerfreuliche Gespräche mit Dozenten, die eingebildete Furcht vor enttäuschten Erwartungen von Eltern, Freunden oder dem Partner.

6.3 Neuorientierung

Wie groß ist der Verlust?

War der Abschluss für Sie und Ihre Zukunftsplanung wirklich notwendig? Was ändert sich tatsächlich an Ihrer Berufsperspektive? Es steht gar nicht fest, ob sich in beruflicher Hinsicht alle Türen geschlossen haben. Eine völlige Neuorientierung ist nur in bestimmten Fällen notwendig. Ob Sie durch den Ausstieg aus der Hochschule einen großen Verlust an beruflichen Optionen haben oder nicht, hängt davon ab, wie stark Ihr Studiengang an ein definiertes Berufsfeld gekoppelt war.

> Wenn Sie ein Studium mit einer engen beruflichen Koppelung aufgeben, müssen Sie diese Berufe aus Ihrer Zielplanung streichen.

Solche Studiengänge (wie beispielsweise Medizin, Jura oder das Lehramtsstudium) sind weitgehend staatlich geregelt und berechtigen zu etwas, nämlich zu einem Vorbereitungsdienst, und danach zu einem bestimmten Beruf. Mit dem Abbruch entfallen für Sie diese Berufswege und Sie müssen Ihre Berufsziele ändern.

Aber auch das ist nicht unbedingt die große Katastrophe. Berücksichtigen Sie, dass Ihre Zukunftsaussichten bei einer Fortsetzung des Studiums auch nicht rosig gewesen wären. Ein mit Müh und Not erworbener Abschluss in solchen reglementierten Ausbildungsgängen bedeutet immer auch die Möglichkeit einer negativen Prognose (die Aussicht, ein mandantensuchender Rechtsanwalt oder ein Lehrer mit einer Stelle im sozialen Brennpunkt und wenig später mit Burnout zu werden). Das, was man im Leben macht, sollte man richtig machen.

Vielleicht ist es für Sie besser, dass Sie nicht in die Situation kommen, einen **akademischen** Beruf schlecht zu machen, und die Chance haben, einen nicht-akademischen Beruf gut zu machen.

Die vielen Studiengänge, die keinen eindeutigen Berufsbezug haben, berechtigen zu nichts. Sie eröffnen erst in Verbindung mit weiteren Qualifikationen und Praxiserfahrungen Zugang zu bestimmten Tätigkeitsbereichen und Branchen. Auch mit abgeschlossenem Studium gelingt der Berufsübertritt nur mit Eigeninitiative und großen Investitionen an Zeit und Energie in der Berufspraxis, um diese Qualifikationen und Erfahrungen zu erwerben. Im Unterschied zu der vorigen Kategorie ist eine verlässliche Berufsplanung in solchen Feldern ohnehin kaum möglich. Der Verlust an beruflichen Optionen ist hier also gering.

Das Ausmaß der Chanceneinbußen hängt in erster Linie davon ab, ob Sie mit dem Studium überhaupt ein bestimmtes Berufsziel verfolgt haben. War das nicht der Fall, dann haben Sie auch durch den Studienabbruch nicht viel verloren.

Absolventen der nicht-berufsbezogenen Studiengänge arbeiten in der Regel in Berufsfeldern, in denen die Fachqualifikation keine große Rolle spielt: Medien, öffentlich-rechtliche Kultureinrichtung, Weiterbildung, Erwachsenenbildung usw. Dabei handelt es sich häufig um Tätigkeiten, für die es keine formalen Qualifikationsvorschriften gibt. Der Arbeitgeber entscheidet, wen er einstellt und ob er einen Studienabschluss für erforderlich hält. In vielen Fällen ist daher eine Tätigkeit in solchen Branchen auch ohne Studienabschluss und aufgrund der praktischen Fähigkeiten oder aufgrund einer Berufsausbildung realisierbar.

▶ *Tipp*

Die positive Seite: Durch den Umstieg ins Berufsleben gehen Sie schon früher ein Problem an, das Sie nach dem Abschluss mit einem solchen beruflich offenen Studiengang sowieso gehabt hätten.

Der Abbruch als Kurskorrektur

Schon bei Ihrer Studienwahl haben Sie entweder explizit und gründlich oder intuitiv und beiläufig ein gängiges Suchschema benutzt. Die üblichen drei Grundfragen werden (hoffentlich) eine große Rolle gespielt haben:

- Was kann ich gut?
- Was tue ich gerne?
- Was kann ich realisieren?

Auch der beruflichen Neuorientierung liegen analoge Fragen zugrunde: Was tue ich gut und was interessiert mich? Wo – in welcher Branche, bei welcher Art von Unternehmen – möchte ich arbeiten? Wie sehen die entsprechenden Jobs aus?

Diese Vorgehensweise ist grundsätzlich richtig, wenn Sie dabei einen wichtigen Umstand einkalkulieren: Sie fangen **nicht bei null** an. Durch die Enttäuschung über die Misserfolge im Studium besteht die Gefahr, dass Sie das Kind mit dem Bade ausschütten. Wenn Sie die Studienzeit als kompletten Irrweg empfinden, den Sie ebenso komplett entsorgen wollen, ist das ungefähr so, als würden Sie ein Auto verschrotten, weil der Tank leer ist. Fakt ist, dass Sie einen Teil Ihres

Lebenswegs hinter sich gebracht haben, auf dem Ihre Kompetenzen und Ihre Lebenserfahrung gewachsen sind. Ihr Lebensweg hat eine Richtung, ob diese Ihnen bewusst ist oder nicht. Es ist unrealistisch, durch eine **180-Grad-Drehung** auf den Ausgangspunkt vor Studienbeginn zurückgehen zu wollen. Für Ihre psychische Gesundheit und für Ihr zukünftiges überzeugendes Auftreten in der Berufswelt sinnvoller ist die Interpretation als **Kurskorrektur**, mit der Sie Ihren persönlichen **roten Faden** veränderten neuen Umständen anpassen.

▶ *Tipp*

Sie haben Beweggründe, Ziele und Vorstellungen, die Ihren vergangenen und zukünftigen Entscheidungen zugrunde liegen. Das, was Ihnen wichtig ist, hat beeinflusst, wie Sie die Schule durchliefen, welches Studium Sie wählten, wie Sie studiert haben und was Sie mit Ihrer Freizeit anfangen. Dies ist Ihr **roter Faden**, mit dem Sie deutlich machen, dass die Studienzeit nicht wertlos und verloren ist.

Allerdings ist es in der Realität nicht immer einfach, sich diesen roten Faden bewusst zu machen und ihn zu beschreiben. Vieles passiert aufgrund von Umständen, manches aus Zufall. Wir treffen alle immer auch Entscheidungen, die sich einfach so ergeben haben. Fakten – die Umstände – kann man immer so oder so sehen. Den roten Faden knüpfen heißt, die Fakten so zu interpretieren, dass ein zusammenhängendes Bild von der eigenen Persönlichkeit und eine Kontinuität der eigenen Entwicklung gezeichnet wird.

In einer Situation der beruflichen Neuorientierung haben Sie die Gelegenheit, Ihre Zielrichtung zu überdenken und den Kurs entsprechend anzupassen. Bei der Darstellung Ihres roten Fadens werden Ihre Antworten auf die folgenden Fragen eine Rolle spielen.

Inhaltliches

- Was ist Ihre Vorstellung von einer sinnvollen oder nicht sinnvollen Arbeit?
- Welche Art von Arbeit widerstrebt Ihnen?
- Welche Erkenntnisse über den Stellenwert intrinsischer Motivation für Ihr Lernen und Arbeiten hat die Studienerfahrung Ihnen gebracht?
- Gab es Lernphasen, in denen Sie vergessen haben, auf die Uhr zu schauen? Was war es, das Sie in dieser Phase gelernt haben?
- Mögen Sie Kundenkontakt? Würden Sie gerne beratend tätig sein? Können Sie ein freundliches, offenes Auftreten in die Waagschale werfen?
- Wenn Sie für ein Unternehmen arbeiten würden, spielt dann die Art des Produkts/der Dienstleistung eine Rolle?
- Spielt die Branche für Sie eine Rolle?

Persönliches

- Wie wichtig ist Ihnen Karriere? Einkommen?
- Spielt sozial-helfendes Engagement für die Wahl Ihrer beruflichen Tätigkeit eine Rolle?
- Wie stellen Sie sich das Verhältnis von Familie und Beruf vor?
- Können Sie sich auf flexible Arbeitszeiten einstellen? Würden Sie die evtl. sogar bevorzugen? Überstunden? Arbeit an Wochenenden?
- Sind Sie eher stressfest oder arbeiten Sie besser, wenn Sie alles in Ruhe planen können?

- Würden Ihnen wechselnde Einsatzorte gefallen? Einsatz im Ausland? Häufige Dienstreisen?
- In welchem Verhältnis sollen Arbeit und Freizeit zueinander stehen?

Formales

- Spielt die Größe der Firma oder der Organisation (Behörden, Verbände usw.) für Sie eine Rolle?
- Ist Teamarbeit für Sie positiv oder ist Sie Ihnen egal? Arbeiten Sie vielleicht lieber allein an einem Problem?
- Wie stellen Sie sich Ihr Verhältnis zu Kolleginnen und Kollegen vor? Eher sachlich? Eher auch persönlich-privat?
- Haben Sie eine Vorstellung davon, was einen guten Chef auszeichnet? Was würden Sie von einem Chef erwarten?
- Wie stellen Sie sich Ihre Arbeitsumgebung vor? Großraumbüro? Abgeschirmter Arbeitsplatz?

Betrachten Sie die Antworten auf diese Fragen als Wegweiser für die Suche nach Ihrem roten Faden und nach einem Eintrittstor in die Berufswelt. Sie helfen Ihnen, bei der Sichtung von Optionen einzuschätzen, was wünschenswert ist, was vielleicht geht und was wahrscheinlich überhaupt nicht infrage kommt.

Wechseln Sie die Perspektive

Die Kurskorrektur müssen Sie auch nach außen vertreten können. Die Umbruchsituation, in der Sie sich befinden, bringt es mit sich, dass viele Gespräche auf Sie zukommen (Bewerbungsgespräche mit Personalverantwortlichen, persönliche Gespräche mit Menschen, die etwas für Sie tun können etc.). Diese Gespräche führen Sie nicht zum Vergnügen, sondern weil Sie etwas erreichen wollen. Daher spielt es von Anfang an eine große Rolle, ob Sie von Ihrem neuen Weg nicht nur überzeugt sind, sondern **ihn auch überzeugend vertreten** können. Das fällt schwer, wenn Sie Ihre Lage aus der Perspektive des Scheiterns betrachten. Dabei wäre es für Sie besser, sich in die Perspektive des jeweiligen Gesprächspartners zu versetzen, der in Ihnen den Bewerber und einen potenziellen Mitarbeiter sieht.

Das sind ungewohnte neue Maßstäbe. Beim Zugang zur Berufswelt gelten völlig andere Selektionskriterien als beim Zugang zum Hochschulsystem. Für Ihre Person interessiert sich beim Hochschulzugang niemand, beim Berufszugang aber sehr wohl.

- Entscheidend bei der Studienplatzvergabe (bei NC-Studiengängen, was heute fast die Regel ist) war Ihre Abiturnote.[39] Mit einem auf ein Zehntel genau ermittelten Notendurchschnitt darf man in der Hochschule mitmachen. Das heißt umgekehrt auch, dass jeder mit einem bestimmten Notendurchschnitt einen Anspruch auf einen Studienplatz hat.
- Entscheidend beim Einstieg in die Berufswelt sind Kompetenzen, Persönlichkeit und Überzeugungsfähigkeit. Ein Personalverantwortlicher will sich ein Bild von Ihnen und Ihrem Werdegang machen und entscheidet dann, ob Sie bei ihm die Chance erhalten, in die Berufswelt eintreten zu dürfen oder nicht.

Bei der Vergabe von Studienplätzen spielte die Einschätzung anderer Menschen keine Rolle. Folglich gab es auch keine subjektive Perspektive von Gesprächspartnern, die Sie hätten berücksichtigen müssen. Bei der Vergabe von Jobs ha-

[39] Dass an manchen Hochschulen das Verfahren etwas komplexer ist, ändert nichts an dem maßgeblichen Einfluss der Abiturnote.

ben Sie eine Situation, die für Sie weitgehend neu ist:[40] Sie müssen einen Ansprechpartner in der Berufswelt, einen Personalverantwortlichen, überzeugen. Ansprüche wie bei der Studienplatzvergabe haben Sie keine.

Sie müssen also lernen, überzeugend aufzutreten. „Kein Problem“ sagen Sie? „Habe ich im Studium gelernt, in Seminardiskussionen habe ich immer den richtigen Standpunkt vertreten.“ Wenn Sie die Sache so sehen, verwechseln Sie „recht behalten“ mit „andere von sich überzeugen“. Viel erreichen werden Sie mit diesem Gesprächsverhalten nicht. Andere von sich und den eigenen Plänen zu überzeugen, sieht völlig anders aus, spielt aber in der Hochschule keine große Rolle.

In Gesprächen mit Personalverantwortlichen sollten Sie die Situation aus dessen Perspektive betrachten und nicht aus der Perspektive des „ich bin gescheitert“. Dazu drei Beispiele:

Wer ist schuld an dem Desaster?

- Die Umstände: Die Studienbedingungen waren Schuld. Und außerdem ist ein Studium sowieso zu theoretisch. Ich habe eben Pech gehabt.
- Eigenverantwortung: Ich habe mir das Studium ausgesucht und akzeptiere die Folgen dieser Wahl. Ich habe meine Schwächen analysiert, weiß was schiefgelaufen ist, habe die Lehren daraus gezogen und bin motiviert, es in Zukunft besser zu machen. Ich bin so weit, dass ich den Misserfolg verarbeitet habe.

---

[40] Abgesehen von Ihren studentischen Nebenjobs.

Wollen Sie den Studienabbruch kaschieren, schönreden und am liebsten verstecken? Entscheidend ist nicht, worauf Sie (für sich selbst im **stillen Kämmerlein**) den Misserfolg zurückführen, sondern welche Version der Geschichte Sie mit den Personalverantwortlichen erörtern. Dass Studienbedingungen mehr oder weniger schlecht sind, weiß der Betreffende auch ohne Ihre Darstellung, und dass ein Studium Lernen auf Vorrat ist, auch. Er will aber erkennen, welche Konsequenzen Sie für sich gezogen haben und ob Sie Ihre Lektion gelernt haben, soweit es Ihren Anteil betrifft. Besser, Sie übernehmen die Verantwortung für Ihre Situation.

Wer hilft wem?

- Bittsteller: Als Studienabbrecher muss ich dankbar sein, wenn man mir hilft. Ich sollte alles tun, was man von mir erwartet. Studienabbruch heißt Hilfe suchen.
- Potenzieller zukünftiger Mitarbeiter: Ich werde meine Motivation deutlich machen. Es geht darum, welche Fähigkeiten in welchem Bereich eingesetzt werden können. Die Defizite, die zum Studienabbruch führten, habe ich behoben. Das Unternehmen gewinnt einen intelligenten und kompetenten Mitarbeiter.

Wieder ist die Perspektive entscheidend. Wenn Sie sich in die Situation eines potenziellen Arbeitgebers versetzen können, kommunizieren Sie ein Angebot an diesen Arbeitgeber, mit dem Sie diesem genauso viel helfen, wie er Ihnen. Für Ihren Gegenüber heißt einen Studienabbrecher einzustellen, eine Personallücke zu schließen.

Haben Sie Weg-von-Ziele oder Hin-zu-Ziele?

- Weg-von-Ziele: Es ist leicht zu sagen: „Ich will keine Vorlesungen mehr" oder „Ich will mich nicht mehr selbst zur Arbeit antreiben müssen". Das Vermeiden von irgendetwas ist ein negativ formuliertes Ziel, es sagt nämlich wenig darüber aus, was Sie in Zukunft tun wollen. Negativ formulierte Ziele lenken Ihre Aufmerksamkeit immer wieder auf das, was Sie vermeiden wollen.[41] Mit negativ formulierten Zielen bleiben Sie buchstäblich an der Vergangenheit kleben.
- Wissen, wohin man will: Was sind Ihre positiven Zielvorstellungen für die Zukunft? Vermeidungsverhalten ist etwas anderes als zielstrebiges Verhalten. Aus dem **Weg-von** (Hochschule) muss ein **Hin-zu** (Beruf) werden. Erst wenn Sie so weit sind, zu sagen „Ich will in Ihrer Firma als … arbeiten" oder „Ich will mit … mein Geld verdienen", erst dann haben Sie die Umstellung im Denken vollzogen.

Der Personalverantwortliche interessiert sich für Ihre positiven Ziele und nicht für das, was Sie vermeiden wollen. Es geht also nicht um das, was Sie nicht wollen, sondern um das, was Sie für das Unternehmen tun wollen. Er wird Ihre Vorstellungen mit seinem Bedarf abgleichen und daran bemessen, ob es eine Schnittmenge gibt.

---

[41] Man kann sich bekanntlich nicht bewusst dazu zwingen, nicht an einen schwarzen Schwan denken zu wollen.

6.4 Ihre Kompetenzbilanz

Wenn Sie sich um einen Praktikumsplatz, eine Berufsausbildung oder einen Job bewerben, müssen Sie klar beschreiben können, was Sie zu bieten haben. „Aber ich weiß doch, was ich kann und was nicht." Richtig, für Ihr Selbstbild reicht das aus, was Ihnen aktuell über Ihre Stärken bewusst ist. Aber es reicht eben nicht, wenn Sie anderen erklären wollen, woher Sie wissen, dass Sie eine Kompetenz haben. Ein Personalverantwortlicher erwartet mehr als nur ein pauschales „Ich bin sprachlich begabt" oder „Ich bin flexibel". Er wird Sie nach konkreten Belegen für diese Behauptungen fragen und diese Fragen sollten Sie nicht in Verlegenheit bringen.

Stellen Sie sich vor, Sie sollten sich ein Zeugnis ausstellen. Was schreiben Sie rein? Zur Vorbereitung des Umstiegs gehört auch, mit Sorgfalt die eigenen Fähigkeiten zu analysieren und mit den Erwartungen der Berufswelt abzugleichen. Erinnern Sie sich bitte an das Bild der Kurskorrektur, von dem im vorigen Abschnitt die Rede war. Hier geht es nun darum, welche Fähigkeiten und Kompetenzen Ihnen für den neuen Kurs als Kompass zur Verfügung stehen.

Fachliche Kompetenzen

Die Basis für Ihre fachlichen Fähigkeiten haben Sie bereits in der Schule gelegt. Dort wurde Ihnen früh klar, ob Sie sprachlich, mathematisch bzw. musisch begabt sind und entsprechende Fähigkeiten haben. Da reicht im Zweifel ein Blick in die Schulzeugnisse. Und wahrscheinlich haben Sie das bei der Studienwahl berücksichtigt und die Fähigkeiten ins Studium investiert. Wesentlich ist, was dann im Studium hinzugekommen ist, je nachdem, was Sie studiert haben. Hier einige Anregungen für das, was Sie gegebenenfalls in dieser Rubrik in Ihr **Zeugnis** schreiben können.

Geistes- und kulturwissenschaftliches Studium

- die Fähigkeit, zu recherchieren und große Textmengen inhaltlich auszuwerten
- die Fähigkeit, zu formulieren; sicherer und fehlerfreier Umgang mit geschriebener und gesprochener Sprache
- die Fähigkeit, komplexe kulturelle Sachverhalte in lesbarem, adressatengerechtem Stil darzustellen
- Fremdsprachenkenntnisse
- interkulturelle Kompetenzen; Auslandsaufenthalte
- Literaturrecherche, Datenbankrecherche

Sozialwissenschaftliches Studium

- empirische Forschungsmethodik
- Umgang mit Statistikprogrammen
- die Fähigkeit zur Analyse sozialer und/oder politischer Zusammenhänge
- ein Fähigkeitsspektrum ähnlich wie bei Geisteswissenschaften, insbesondere bei einer entsprechenden Fächerkombination

Wirtschaftswissenschaftliches Studium

- Umgang mit Zahlen, quantifizierten Größen und mathematisierten Zusammenhängen
- Rechnungswesen, Buchführung
- Statistik

- Wirtschaftsenglisch, evtl. weitere/andere Wirtschaftsfachsprachen
- die Fähigkeit zur Analyse wirtschaftlicher Zusammenhänge
- kaufmännisches Denken

Rechtswissenschaftliches Studium

- juristische Kenntnisse (sind in vielen Berufsfeldern gefragt, wenn Sie diese spezifizieren: Was genau haben Sie geschafft? Schuldrecht, Urheberrecht, Medienrecht, Verwaltungsrecht, Verkehrsrecht usw.)
- präziser aktiver und passiver Umgang mit Sprache
- Verständnis für ordnungspolitische Zusammenhänge und verfassungsrechtliche Strukturen

Pädagogik, Psychologie

- Anwendung von Statistikprogrammen
- didaktische Fähigkeiten
- sprachliche Ausdrucksfähigkeit

Mathematik, Informatik

- Umgang mit abstrakten mathematischen Algorithmen
- analytische Fähigkeiten (besonders bei Kombination mit BWL oder VWL sehr gut transferierbar)
- diverse Informatikkenntnisse: Rechnerarchitektur, Netzwerktechnik, Datenbanksysteme, Programmiersprachen etc.

Naturwissenschaften

- Laborarbeit
- Analysemethoden
- Datenauswertung

Technisches Studium

- Umgang mit mathematischen Methoden und Modellen
- Programmiersprachen
- Prozessdatenverarbeitung zur Lösung technischer Probleme

Ihre fachübergreifenden Kompetenzen

Schlüsselqualifikationen

Als Studienabbrecher können Sie weniger mit Fachwissen und mehr mit Ihrer Persönlichkeit überzeugen. Beim Kriterium Fachwissen werden Sie immer ein Handicap gegenüber Konkurrenten haben, die den Abschluss erworben haben. Aber bei allgemeinen Kompetenzen können Sie konkurrieren. Schlüsselqualifikationen, Personal Skills oder Soft Skills – so oder so ähnlich werden die Fähigkeiten umschrieben, die Studienabbrecher dem Schulabgänger voraushaben. Sie spielen in der Berufswelt eine große Rolle, was Sie daran erkennen, dass Stellenanzeigen voll davon sind (Teamfähigkeit, soziale Kompetenz, Kommunikationsstärke etc.). Machen Sie die Probe und lesen Sie einige Stellenanzeigen in überregionalen Tageszeitungen oder Stellenbörsen im Internet.

Allerdings sind die Bedeutungen der dort benutzten Bezeichnungen unscharf und sie werden uneinheitlich gebraucht. Daher sind sie, was die Systematik betrifft, eher verwirrend als erhellend. Sie spielen zwar für eine konkrete Bewerbung um ein Stellenangebot eine Rolle, aber für die Bilanz Ihrer eigenen Stärken und Schwächen empfiehlt sich eine differenziertere Betrachtung.

Es geht um die Kompetenzen, die jemand wahrscheinlich hat, der den Übergang von der Schule zur Hochschule einschließlich der diversen bürokratischen Hürden geschafft und ein oder mehrere Semester an der Hochschule überlebt hat. Da geht es nicht nur um das, was Sie unmittelbar in bzw. durch Lehrveranstaltungen gelernt haben, sondern generell um alle **lehrreichen** Erfahrungen, die man als Studierender sammelt und verarbeitet. Solche Fähigkeiten stehen zum großen Teil nicht auf dem offiziellen Lehrplan einer Hochschule. Sie sind aber automatischer Bestandteil des **heimlichen** Lehrplans; man lernt sie beim Studieren gleichsam nebenher. Der Umgang mit anderen Studierenden, mit Dozenten, mit Hochschulbürokratie und mit (gut oder schlecht bezahlten) Nebenjobs – alles führt zu bewussten oder unbewussten Anpassungs- oder Abwehrprozessen, in jedem Fall aber zu Lernprozessen. Relevant sind natürlich auch die von verschiedener Seite (Schreibwerkstatt, Career-Service, Gleichstellungsbeauftragte, Allgemeine Studienberatung, Psychosoziale Beratung) angebotenen Seminare für Studierende zu **Schlüsselqualifikationen** oder Studiertechniken.

Da etwas Systematik die Suche erleichtert, ist es hilfreich, für eine genauere Bilanz die fachübergreifenden Fähigkeiten den Feldern Methodenkompetenz, Sozialkompetenz und Selbstkompetenz zuzuordnen. Darunter sind jeweils Bereiche untereinander verwandter Fähigkeiten zusammengefasst, die unten erläutert werden. Ihre Antworten zu den gestellten Fragen werden je nachdem, was Sie bisher studiert haben, unterschiedlich ausfallen. Nehmen Sie jeweils abschließend eine Selbsteinschätzung vor, ob diese Kompetenz bei Ihnen unterdurchschnittlich, durchschnittlich oder überdurchschnittlich ausgeprägt ist.

Methodenkompetenz

Damit sind Fähigkeiten gemeint, die für Ihre Art und Weise zu arbeiten und die Präsentation der Ergebnisse wichtig sind.

- Lerntechniken

  Verfügen Sie über die Lernmethoden, die Sie benötigen, um eigenständig bis zu einem vorgegebenen Termin eine bestimmte Stoffmenge zu bewältigen? Sicherlich wird das grundsätzlich jeder Studierende von sich sagen können, besonders aber, wenn es sich um lernintensive Studiengänge wie Medizin, Chemie oder BWL handelt.

- Rhetorische Fähigkeiten

  Halten Sie gerne vor größeren Gruppen anhand von Notizen bzw. PowerPoint-Folien weitgehend frei formulierte Vorträge? (Referate, evtl. schon in der Schule; später in Seminaren). Bekommen Sie dabei eine positive Resonanz von den Zuhörern? Die ist leicht daran abzulesen, dass diese interessiert zuhören und Fragen stellen. Wenn Sie in Ihrem Studium häufiger Referate gehalten haben, sollten Sie in hohem Maß über diese Fähigkeit verfügen. Hatten Sie bei freiwilligem Engagement (Fachschaftsarbeit, studentische Initiativen, ehrenamtliches Engagement im persönlichen Bereich) weitere Gelegenheiten gehabt, diese Fähigkeit zu trainieren?

- Verbales und schriftliches Ausdrucksvermögen

  Haben Sie gelernt, komplizierte wissenschaftliche Sachverhalte verständlich und klar darzustellen? Gelingt es Ihnen dabei, auf den Punkt zu kommen und das Wesentliche herauszuarbeiten? Verfügen Sie über den Wortschatz, den korrekten Satzbau und die Stilsicherheit für eine adressatengerechte Darstellung? Auch hier gilt: Wenn Sie in Ihrem Studium häufiger längere Ausarbeitungen wie Referate oder Hausarbeiten angefertigt haben, sollten Sie in hohem Maß über diese Fähigkeit verfügen. Hatten Sie schon in der Schule lieber Deutsch als Mathematik?

- Präsentationstechniken

  Beherrschen Sie die entsprechenden Anwendungsprogramme, speziell PowerPoint? Verfügen Sie über die für eine Präsentation notwendigen Voraussetzungen bezüglich Ihrer rhetorischen Fähigkeiten und Ihres Ausdrucksvermögens? Schaffen Sie es, mit wenigen Stichworten (oder höchstens kurzen Halbsätzen) auszukommen, oder schreiben Sie die Folien gnadenlos voll, um sie dann abzulesen?[42]

- Zeitmanagement

  Haben Sie Ihre Zeit im Griff, so dass Sie ohne äußeren Druck ein Arbeitspensum nach der Aufgabenstellung gleichmäßig über die Zeit bis zum Liefertermin verteilen? Stellen Sie Zeitpläne auf und halten diese ein? Jeder Student sollte das können. Gleichzeitig kann auch fast jeder Student Anschauungsmaterial dafür liefern, wie schwer das sein kann.

- Organisationsfähigkeit

  Haben Sie gelernt, Ziele in verschiedene Arbeitsaufgaben und Arbeitsschritte zu zerlegen? Hatten Sie dabei die zeitliche Koordination der Arbeitsschritte im Griff? War Ihnen klar, welche Ressourcen erforderlich waren und wo diese zu beschaffen waren? Auch diese Fähigkeit werden Sie besonders entwickelt haben bei zusätzlichem freiwilligem Engagement (Fachschaftsarbeit, studen-

---

[42] Vergessen Sie nicht: Ihre Zuhörer können schneller lesen, als Sie reden können.

tische Initiativen, ehrenamtliches Engagement im persönlichen Bereich, in einem Verein).

- Logisches Denken

  Haben Sie gelernt, komplizierte abstrakte Zusammenhänge zu erfassen und die Wenn-dann-Beziehungen und Wechselwirkungen nachzuvollziehen? Fällt es Ihnen bei komplexen Sachverhalten aus Ihrem Studienfach leicht, aus Fakten die richtigen Schlussfolgerungen zu ziehen? Enthält Ihr Studium affine Fächer wie beispielsweise Mathematik, Informatik, Rechtswissenschaft, Philosophie?

Kreuzen Sie in der nachstehendenTabelle an, ob Sie die Kompetenz bei Ihnen für stark, schwach oder durchschnittlich ausgeprägt halten.

Selbsttest

Methodenkompetenz	schwach	∅	stark
Lerntechniken			
rhetorische Fähigkeiten			
verbales und schriftliches Ausdrucksvermögen			
Präsentationstechniken			
Zeitmanagement			
Organisationsfähigkeit			
logisches Denken			

Tab. 2: Ausprägung der Methodenkompetenz

Sozialkompetenz

Soziale Kompetenzen beziehen sich auf Stärken im Umgang mit Menschen, mit denen wir zusammenarbeiten, sei es freiwillig oder aus sachlicher Notwendigkeit heraus.

- Empathie, Einfühlungsvermögen

  Können Sie sich in die Situation von Menschen, die ein emotionales Problem haben, hineinversetzen? Können Sie die Welt mit deren Augen sehen, auch wenn Ihre Sicht eine ganz andere ist? Können Sie zuhören und dabei die Gefühle des anderen erfassen? Können Sie zuhören, ohne Ratschläge zu erteilen? Bekommen Sie es mit, wenn jemand Signale von Sympathie, Antipathie, Hilfsbedürftigkeit oder In-Ruhe-gelassen-werden-Wollen aussendet?

- Kommunikationsfähigkeit

  Fällt es Ihnen leicht, mit anderen Menschen ins Gespräch zu kommen? Gilt das auch für unstrukturierte private Situationen oder nur für die standardisierten Situationen in Seminaren oder der Institutsbibliothek? Können Sie ein Partygespräch aufrechterhalten oder fällt Ihnen nach drei Sätzen nichts mehr ein? Fällt es Ihnen leicht, im Gespräch geduldig und höflich zu bleiben, auch wenn der andere eine völlig andere Meinung vertritt als Sie? Sind Sie grundsätzlich gerne unter Menschen?

- Überzeugungsfähigkeit

  Wenn Sie von einer Sache überzeugt sind, können Sie dann auch andere dafür begeistern? Nehmen Sie gerne an Seminardiskussionen teil, und zwar nicht aus Rechthaberei, sondern um des besseren Ergebnisses willen? Waren Sie Schülersprecher? Haben Sie sich bei der Fachschaft oder dem AStA engagiert?

- Teamfähigkeit

  Arbeiten Sie gerne in Lerngruppen? Ziehen Sie die Gruppenarbeit der **einsamen** Schreibtischarbeit vor? Fällt es Ihnen leicht, Standpunkte und Beiträge anderer zu respektieren und nicht gleich infrage zu stellen? Bringt für Sie eine Klausurvorbereitung mehr, wenn Sie in der Gruppe den Lernerfolg wechselseitig kontrollieren?

Kreuzen Sie in der folgenden Tabelle an, ob Sie die Kompetenz bei Ihnen für stark, schwach oder durchschnittlich ausgeprägt halten.

Selbsttest

Sozialkompetenz	schwach	∅	stark
Empathie, Einfühlungsvermögen			
Kommunikationsfähigkeit			
Überzeugungsfähigkeit			
Teamfähigkeit			

Tab. 3: Ausprägung der Sozialkompetenz

Selbstkompetenz

Während es bei der Sozialkompetenz, vereinfacht gesagt, um den Umgang mit anderen Menschen geht, bezieht sich die Selbstkompetenz auf den Umgang mit sich selbst. Von diesen Fähigkeiten hängt unter anderem ab, wie Sie mit neuen oder belastenden Situationen fertigwerden.

- Lernbereitschaft

  Sind Sie während Ihres Studiums schon einmal auf die Idee gekommen, aus Neugierde Lehrveranstaltungen aus Fächern anderer Studiengänge oder anderer Fakultäten zu besuchen? Lernen Sie aus Ihren Fehlern und Misserfolgen einerseits und aus Ihren Erfolgen anderseits? Schieben Sie (auch konstruktive) Kritik gerne beiseite oder fragen Sie sich bei solchen Gelegenheiten, was Sie beim nächsten Mal besser machen können?

- Entscheidungsfähigkeit

  Fällt es Ihnen leicht, Entscheidungen systematisch vorzubereiten und ohne langes Aufschieben zu treffen? Sind Ihnen dabei in der Regel die Entscheidungsspielräume sowie die Folgen und Nebenwirkungen bewusst? Fiel Ihnen am Ende des Prozesses der Studienvorbereitung die Entscheidung für Ihr Studium leicht? Hatten Sie einen Überblick über die Optionen? Kannten Sie die Informationsquellen zur Darstellung der Optionen?

- Eigeninitiative, Selbständigkeit

  Wenn Sie feststellen, dass es Sinn machen würde, für eine Klausur eine Lern-AG zu organisieren, tun Sie das dann auch tatsächlich? Ergreifen Sie in Seminardiskussionen gerne als erster oder frühzeitig das Wort? War es für Sie kein Problem, zum Studienbeginn sich selbst in einer neuen Stadt um eine Bleibe zu kümmern? Hatten Sie kein Problem damit, einen Studienort zu wählen oder wählen zu müssen, der weit von Ihrem Heimatort entfernt ist? Haben Sie ein Auslandssemester oder einen längeren (Praktikums-)Aufenthalt im Ausland gemacht? Haben Sie nach dem Abitur die Gelegenheit genutzt, sich die Welt anzusehen? Haben Sie am Schüleraustausch teilgenommen?

- Durchhaltevermögen, Frustrationstoleranz

  Sie haben eine Pflichtklausur vor sich, deren Themengebiet Sie nicht interessiert – schaffen Sie es trotzdem ohne Weiteres, sich den Stoff anzueignen? Leider sind Sie im ersten Versuch durch eine wichtige und schwere Prüfung gefallen – gehen Sie ohne Zögern in den zweiten Versuch oder denken Sie eher an aufgeben?

- Belastbarkeit und Stressfestigkeit

  Stellen Sie sich vor, dass in Ihrem Studium alles auf einmal über Sie hereinbricht: Das Semesterende naht und damit stehen drei oder vier wichtige Klausuren an, Ihr Nebenjob ist gekündigt und innerhalb der nächsten drei Wochen müssen Sie eine neue Bleibe gefunden haben. Wie stark oder wenig steigt in Ihnen das Gefühl der Hektik? Können Sie sich noch aufs Lernen konzentrieren? Schlafen Sie noch gut? Haben Sie einen Ausgleich (Sport, Entspannungstraining, vielleicht ausnahmsweise Baldrian, nicht aber Alkohol, Fernsehen, Zigaretten)?

- Fähigkeit zur Selbstreflexion

  Wenn Sie von Leuten, die Ihre Abbruchpläne kennen, gefragt werden, was in Ihrem Studium schiefgegangen ist, zögern Sie oder können Sie eher klar und verständlich die Defizite und vielleicht Ihre Zukunftspläne darlegen? Können Sie in diesem Kontext Ihre Entscheidungsgründe und Entscheidungskriterien verdeutlichen? Haben Sie Klarheit über Ihre beruflichen und persönlichen Vorstellungen?

Kreuzen Sie in der Tabelle auf der folgenden Seite an, ob Sie Ihre Kompetenz für stark, schwach oder durchschnittlich ausgeprägt halten.

Selbsttest ✎

Selbstkompetenz	schwach	∅	stark
Lernbereitschaft			
Entscheidungsfähigkeit			
Eigeninitiative, Selbständigkeit			
Durchhaltevermögen, Frustrationstoleranz			
Belastbarkeit und Stressfestigkeit			
Fähigkeit zur Selbstreflexion			

Tab. 4: Ausprägung der Selbstkompetenz

Ihre Schwächen

Eine realistische Bilanz der eigenen Kompetenzen schließt auch ein, zu erfassen, welche Stärken man nicht hat. Fragen nach Ihren Schwächen sollten Sie nicht in Verlegenheit bringen. Wenn Sie mit einem Personalverantwortlichen über Ihre Qualifikationen sprechen und bei Fragen nach Schwächen ins Stottern geraten, muss er daraus schließen, dass Sie sich nicht gut auf das Gespräch vorbereitet haben und – schlimmer noch – dass Sie nicht in der Lage sind, aus Ihren Fehlern zu lernen. Von einem Studienabbrecher wird erwartet, dass er seine Entscheidung für den Ausstieg und seine Entscheidung über seinen weiteren Weg transparent machen und überzeugend vertreten kann. Das geht nicht spontan und **aus dem Handgelenk**. Eine Bilanz, die bei der Entwicklung neuer Zukunftsvorstellungen nützlich sein soll, schließt ein, sich Gedanken über die eigenen Defizite zu machen, besonders wenn beruflich relevante Kompetenzbereiche betroffen sind. Hier zwei Beispiele.

- Selbstmanagement, Zeitmanagement

  Eigentlich sollten Sie über diese methodischen Kompetenzen verfügen und als Studierender gelernt haben, Ihre Arbeit und Ihre Zeit zu organisieren. Wenn aber Ihr Studienabbruch hauptsächlich auf mangelnder Selbstorganisation beruht, ist das natürlich eine zweischneidige Sache; dann sollten Sie diese Kompetenzen besser nicht als Ihre Stärke herausstellen.

- Durchhaltevermögen bzw. Ausdauer

  Wegen des Studienabbruchs wird man vermuten, dass Ihnen diese Kompetenz fehlt. Auf solche Fragen sollten Sie gefasst sein. Entweder Sie können darlegen, dass Ihr Abbruch auf anderen Ursachen beruht oder dass Sie und wie Sie an dieser Schwäche gearbeitet haben oder arbeiten.

6.5 Ihre Optionen

Mit oder ohne Ausbildung?

Eine Direktbewerbung um einen Job ohne vorherige Berufsausbildung bietet sich an, wenn Sie schon während des Studiums durch Nebenjobs Berufserfahrung erwerben konnten. Manchmal ergibt sich auch eine Anschlussmöglichkeit nach einem Praktikum. Häufig ist es ein schrittweises Hineinwachsen in die Berufswelt und irgendwann ist das Studium Nebensache und der Nebenjob wird zur Hauptsache.

Dieser Weg funktioniert eher in Tätigkeitsfeldern, für die es keine oder nur wenige formelle Ausbildungsregelungen gibt, oder in Branchen mit ausgeprägtem Fachkräftemangel wie beispielsweise (nach wie vor) im IT-Bereich. Nachteilig ist, dass Sie zunächst an den Arbeitgeber gebunden sind, der Ihnen eine Chance gegeben hat. Aber auch das können Sie ändern, wenn Sie eine Tätigkeit ausüben, für die es einen anerkannten Ausbildungsabschluss gibt.

▶ *Tipp*

Wenn Sie einschlägige Berufserfahrung im anderthalbfachen Umfang der üblichen Ausbildungszeit nachweisen können, dann können Sie eine Externenprüfung in dem Ausbildungsberuf ablegen. Auskunft erteilt die örtliche Industrie- und Handelskammer (IHK) oder die Handwerkskammer (HWK).

Problematisch sind gering qualifizierte Jobs (Kellnern, Einzelhandel, Taxifahren), die einerseits kurzfristig mit einem Einkommen locken, das gemessen an der studentischen Finanzlage hoch erscheint, die aber andererseits keine Möglichkeiten der Weiterqualifizierung bieten. Die Aufstiegsmöglichkeiten sind dann in aller Regel begrenzt, es sei denn, es ergibt sich die Gelegenheit, sich mit den erworbenen Fähigkeiten selbständig zu machen.

Eine Berufsausbildung zu machen, ist der naheliegende und sicherlich empfehlenswerte Weg für den Neustart in der Berufswelt. Aber er wird mit steigendem Alter schwieriger, weil es schwerer mit dem eigenen Selbstverständnis vereinbar ist, auf das Level **Azubi** zurückzugehen. Es wird von einem gewissen Alter an (je nach Branche und Tätigkeit unterschiedlich) auch schwerer, Arbeitsgeber zu finden, die bereit sind, Hochschulaussteigern einen Ausbildungsplatz zu geben, da sie befürchten müssen, dass diese nicht mehr in die Altersgruppe Auszubildende integriert werden können. Irgendwann bleibt dann nur noch die Chance, über Nebenjobs in irgendeinem meist kleineren und dadurch flexibleren Unternehmen **Fuß zu fassen** und dauerhaft angestellt zu werden.

Berufsfelder

Kennen Sie den ehrenwerten Beruf des **Speiseeisherstellers** oder eines **Vorpolierers in der Schmuck- und Kleingeräteherstellung**? Müssen Sie auch nicht. Aber es sind Ausbildungsberufe in der Liste der staatlich anerkannten Ausbildungsberufe, für die es eine Ausbildungsordnung nach dem Berufsbildungsgesetz oder nach der Handwerksordnung gibt. Wenn Sie bei den beiden Beispielen überrascht waren, dass es einen solchen offiziellen Ausbildungsberuf überhaupt gibt, zeigt dies zweierlei. Erstens: Es gibt viel mehr berufliche Optionen als man glaubt, solange man sich nicht gründlicher damit befasst – insgesamt sind es über 500 Ausbildungsberufe. Und zweitens: Manche werden Ihnen nicht sonderlich interessant erscheinen (**Bürsten- und Pinselmacher**) und andere sehr wohl (**denkmaltechnische Assistenten, Atem-, Sprech- und Stimmlehrer**).

▶ *Tipp*

Die komplette Liste der Ausbildungsberufe finden Sie im **Lexikon der Ausbildungsberufe** (Beruf aktuell, Ausgabe 2015/16, Hrsg. Bundesagentur für Arbeit, als Broschüre in den Berufsinformationszentren der Arbeitsagentur erhältlich), im Internet unter beruf-aktuell.wbv.de.

[1] Bau, Architektur, Vermessung

[2] Dienstleistung

[3] Elektro

[4] Gesellschafts-, Geisteswissenschaften

[5] Gesundheit

[6] IT, Computer
[7] Kunst, Kultur, Gestaltung
[8] Landwirtschaft, Natur, Umwelt
[9] Medien
[10] Metall, Maschinenbau
[11] Naturwissenschaften
[12] Produktion, Fertigung
[13] Soziales, Pädagogik
[14] Technik, Technologiefelder
[15] Verkehr, Logistik
[16] Wirtschaft, Verwaltung

Leider sind in den einzelnen Berufsfeldern sehr heterogene Berufe zusammengefasst, was die Suche nicht gerade erleichtert. Hilfreich ist das **Lexikon der Ausbildungsberufe** trotzdem, weil es bei jeder der Ausbildungen Angaben zur Tätigkeit, zur Dauer, ggf. zur Ausbildungsvergütung macht und auch angibt, wo die Ausbildung absolviert wird (duale Ausbildung, Berufsfachschule oder andere berufsbildende Einrichtungen).

Duale Ausbildungen

Der überwiegende Teil der Ausbildungsberufe (etwa 350) sind duale Ausbildungen. Wie der Name schon sagt, werden sie parallel in Unternehmen und in beruflichen Schulen absolviert. Der eine Teil der Ausbildung besteht in der Vermittlung praktischer Fertigkeiten unter Anleitung der Ausbilder. Der andere Teil ist theoretischer Unterricht in der Berufsschule in teils allgemeinbildenden und teils berufsbezogenen Fächern. Das Verhältnis von erforderlichen praktischen Begabungen und theoretischen Anforderungen variiert stark.

▶ *Tipp*

Das oben erwähnte Lexikon der Ausbildungsberufe macht Angaben zum Prozentsatz der Ausbildungsanfänger mit Hochschulreife oder niedrigerem Schulabschluss. Sie können so Ausbildungen aussortieren, die Sie fachlich unterfordern.

Die meisten Ausbildungen lassen sich dem kaufmännischen Bereich, dem Handwerk, dem Gesundheitswesen, der Landwirtschaft und den sogenannten **freien** Berufen (Ausbildungen bei Rechtsanwälten, bei Notaren oder bei Ärzten) zuordnen. In der Regel gibt es eine Ausbildungsvergütung. Eine duale Ausbildung stellt eine solide Basis für spätere berufliche Entwicklungsmöglichkeiten dar.

Auch in öffentlichen Verwaltungen gibt es betriebliche Ausbildungen für den mittleren Dienst. Der gehobene Dienst ist mit einem FH-Studium an Fachhochschulen für öffentliche Verwaltung verbunden, das aber im Vergleich zu allgemeinen Fachhochschulen stärker verschult ist und einer Ausbildung nahekommt.

▶ *Tipp*

Einen Ausbildungsplatz müssen Sie suchen und sich dann bewerben. Die umfangreichste Datenbank mit Angeboten enthält die **Jobbörse** der Arbeitsagentur, zu finden unter www.arbeitsagentur.de, dort unter → Jobbörse. Daneben gibt es Ausbildungsangebote in einer Reihe anderer Jobportale:

www.azubister.net

www.studienabbrecher.com

Ein großer Teil der Ausbildungen fällt in die Zuständigkeit der jeweiligen örtlichen Industrie- und Handelskammer oder der Handwerkskammer. Vor diesen Kammern wird am Ende die Abschlussprüfung abgelegt.

▶ *Tipp*

Es lohnt sich immer, auch gezielt die Internetseiten der örtlichen IHK oder HWK sowie (bei den **freien** Berufen) der Rechtsanwaltskammern, Notarkammern oder Ärztekammern nach Ausbildungsangeboten zu durchsuchen.

Beginn des Ausbildungsjahres ist normalerweise im Herbst (meist Anfang August oder Anfang September). Die Suche nach einem Ausbildungsplatz und die Bewerbung dafür sollten lange vorher erfolgen; wie lange hängt davon ab, ob es ein Überangebot oder einen Mangel an Bewerbern gibt. Auch kurz vor Beginn des Ausbildungsjahres sollten Sie die Suche nicht aufgeben. Sie können Glück haben und irgendwo wird ein Platz frei, weil ein Bewerber kurzfristig abspringt.

Natürlich sind auch Tipps zu freien Ausbildungsplätzen aus dem Freundes- und Bekanntenkreis (wie immer) eine gute Quelle. Sprechen Sie mit Eltern, Verwandten und Bekannten. Oft kennen die jemanden, der jemanden kennt, der Ihnen weiterhelfen kann.

Berufsfachschulen

Berufsfachschulen bieten Ausbildungen in Form von Vollzeitunterricht an. Die Dauer variiert je nach Ausbildung zwischen zwei und drei Jahren. Angeboten werden Ausbildungen für kaufmännische Berufe, für Fremdsprachenberufe, für handwerklich-künstlerische Berufe, für hauswirtschaftliche und sozialpflegerische Berufe und für die bundesrechtlich geregelten Berufe des Gesundheitswesens.

Angeboten werden unter anderem Ausbildungen:

- für die bundesrechtlich geregelten Berufe des Gesundheitswesens (Physiotherapeut, Gesundheits- und Krankenpfleger, Ergotherapeut, Logopäde, Diätassistent etc.),
- für Assistenzberufe (Pharmazeutisch-technischer Assistent (PTA), Medizinisch-technischer Assistent (MTA), Biologisch-technischer Assistent (BTA), Landwirtschaftlich-technischer Assistent (LTA), Multimedia-Assistent),
- für den Beruf des Erziehers/der Erzieherin,
- für Fremdsprachenkorrespondenten,
- für den Hotel- und Tourismusbereich.

Während bei attraktiven Ausbildungen die staatlichen Berufsfachschulen lange Wartelisten haben, verlangen private Berufsfachschulen ein hohes Schulgeld. In manchen Bereichen mit Nachwuchsmangel (wie Krankenpflege) erfolgt die Ausbildung an kostenfreien Berufsfachschulen (der Kliniken) und es wird eine Ausbildungsvergütung gezahlt.

Abiturientenausbildungen

In einigen Bereichen gibt es Ausbildungen speziell für Bewerber mit Hochschulreife. Einige Beispiele:

- Unternehmen suchen für den Führungsnachwuchs entsprechend qualifizierte Bewerber. Die Bezeichnungen der Ausbildungen sind je nach Unternehmen und Tätigkeit unterschiedlich (Handelsassistent, Marktmanager, Assistent in der Hotellerie etc.).
- Der Öffentliche Dienst (Verwaltung, Verfassungsschutz, Polizei, Zoll) bietet Ausbildungen für den gehobenen nicht-technischen Dienst an. (Für den technischen Dienst ist ein Studienabschluss Voraussetzung.)
- Die Deutsche Flugsicherung (DFS) bildet zum Fluglotsen aus.

Zu diesen wie auch zu den anderen Ausbildungsoptionen finden Sie Informationen in der Datenbank der Arbeitsagentur: www.berufenet.arbeitsagentur.de.

Spezielle Ausbildungen für Studienabbrecher

Die IHKs in vielen Großstädten bieten stark verkürzte duale Ausbildungen speziell für Hochschulaussteiger ohne Abschluss an. Allerdings ist die Auswahl auf Berufe mit Nachwuchsmangel begrenzt und dementsprechend werden vorzugsweise Abbrecher bestimmter Studiengänge gesucht (Kontakt über die örtliche IHK).

Weniger wählerisch ist das Handwerk. Der Fachkräftemangel im Handwerk und der Mangel an qualifizierten Führungskräften und Betriebsnachfolgern führt dazu, dass generell Studienabbrecher umworben werden. Die Ausbildungen sind ebenfalls stark verkürzt und bieten die Option der anschließenden Meisterausbildung (Kontakt über die örtliche HWK oder über www.umsteigen-karriereberatung.de).

Wer hilft?

Generell zunächst einmal die Arbeitsagentur. Daneben wird sich der Career-Service oder das Professional-Center an Ihrer Hochschule zuständig fühlen und Hinweise auf aktuelle Aussteigerprogramme geben können. Schließlich empfiehlt sich darüber hinaus immer (besonders bei der Suche nach Ausbildungsplätzen oder Jobangeboten) auch ein Selber-Recherchieren und Sich-selber-Kümmern.

Entscheidungshilfen

Um die wenigen Optionen, die für Sie eine gute Wahl darstellen, aus der riesigen Zahl an Ausbildungen herauszufiltern, sollten Sie insbesondere auf folgende Fragenkomplexe achten.

- Was wird in dem Beruf, den Sie in Betracht ziehen, konkret getan? Worin besteht der überwiegende Teil der Tätigkeiten im Berufsalltag? Eher kommunikativ (Kunden beraten, verkaufen, erziehen etc.), sozial-helfend (Kranke pflegen, Behinderte betreuen etc.), technisch (montieren, installieren etc.), manuell-kreativ (tischlern, Modellbau von Entwürfen etc.) usw.?
- In welchem Umfeld wird der Beruf ausgeübt (kleine, mittlere oder große Unternehmen, Handel, Verwaltung etc.)? Gibt es dafür eine große Zahl von Optionen oder sind Sie bei der Berufsausübung auf einen ganz spezifischen Bereich festgelegt?

- Können Sie den Beruf nur in bestimmten Regionen ausüben? Großstädte? Ländliche Regionen? Nur in Deutschland oder auch in anderen Ländern? Europaweit? Weltweit?
- Wo wird die Ausbildung gemacht? Betriebliche Ausbildung? Staatliche Berufsfachschule? Private/kommerzielle Berufsfachschule? Abiturientenausbildung in Unternehmen? In speziellen Verbänden/Institutionen/Behörden? Was bedeutet das finanziell? Gibt es eine Ausbildungsvergütung oder müssen Sie für die Ausbildung bezahlen? Müssen Sie bei vorzeitigem Abbruch der Ausbildung oder später bei vorzeitigem Ausscheiden aus dem Beruf Ausbildungskosten zurückzahlen (z.B. bei Ausbildungen in der öffentlichen Verwaltung)?
- Kann die Ausbildung verkürzt werden?
- Welche beruflichen Aufstiegsfortbildungen gibt es in dem Beruf? (Handwerk: Meister; kaufmännischer Bereich: Betriebswirt etc.).
- Wie aufwändig wäre eine Selbständigkeit auf der Basis dieses Berufs (zeitlich, Raumbedarf, Investitionen etc.)? Wie riskant ist die Branche bzw. wie viel Konkurrenz gibt es?

Selbständigkeit

Eine selbständige Tätigkeit hat den Vorteil, dass ein abgeschlossenes Studium bzw. eine abgeschlossene Ausbildung zwar hilfreich, aber für viele Geschäftsmodelle nicht zwingend ist. Allerdings kommen die Bereiche nicht infrage, für die es formelle Ausbildungsrichtlinien gibt, die entweder ein bestimmtes Studium oder eine bestimmte Ausbildung vorschreiben. Das gilt insbesondere für die freiberuflichen Tätigkeiten im ärztlichen (Arzt, Psychotherapeut etc.), im medizinalfachberuflichen (Physiotherapeut, Logopäde etc.), im juristischen (Rechtsanwalt, Notar etc.) oder im technischen (Bauingenieur, Architekt etc.) Bereich. Abgesehen von diesen formell geregelten Berufen können Sie jede Dienstleistung oder jedes Produkt anbieten, für die es einen Markt gibt und für die Sie eine Geschäftsidee haben.

Bevor Sie eine Selbständigkeit in die engere Wahl ziehen, sollten Sie sich fragen, ob Sie tatsächlich ein Unternehmertyp sind. Sie sollten Risikobereitschaft, Belastbarkeit und Organisationsstärke mitbringen. Vor allem sollten Sie sich auch auf Vertriebskommunikation und Kundengespräche einstellen und sich mit der Frage befassen, was Ihre Verkaufsargumente sind. **Klinken putzen** ist nicht jedermanns Sache und erfordert etwas Übung – für jemanden, der bisher vorwiegend im Bildungssystem sozialisiert wurde, kann das eine große Umstellung sein.

Ferner brauchen Sie die Bereitschaft, sich in die rechtlichen, betriebswirtschaftlichen und organisatorischen Notwendigkeiten hineinzuknien. Am Anfang steht zwar eine Geschäftsidee, also ein Produkt oder eine Dienstleistung, für die ein Bedarf und eine Zielgruppe existieren. Aber das ist noch lange nicht hinreichend für eine Selbständigkeit. Sie müssen die Geschäftsidee auch zu einem Geschäftsmodell weiterentwickeln. Dazu gehören unter anderem:

- eine Marktbeobachtung: Wo treffen Sie Ihre Zielgruppe an? Wie ist die Konkurrenzsituation?
- die schon erwähnten Verkaufsargumente: Wenn Sie viel Konkurrenz haben, worin sind Sie besser?
- die Kommunikation mit Ämtern, Behörden und Verbänden
- eine finanzielle Kalkulation
- die Kommunikation mit Banken bzw. anderen Geldgebern

Auch wenn bei einer Selbständigkeit viel zu planen und viel zu erledigen ist, so hat sie doch immer den großen Vorteil, dass Sie Ihr eigener Herr sind.

6.6 Den Übergang planen

Organisatorisches und Praktisches

Exmatrikulation

Mit der Exmatrikulation endet Ihr Studentenleben, danach sind Sie nicht mehr Studierender der Hochschule. Die Exmatrikulation selbst ist kein Problem. Bei Ihrem Studierendensekretariat gibt es ein entsprechendes Antragsformular (als PDF auf der Website oder als Onlineformular). Darin geben Sie unter anderem an, ob Sie mit sofortiger Wirkung oder mit Ablauf des laufenden Semesters exmatrikuliert werden wollen. Das ganze reichen Sie wieder ein und das war's. **Aber halt!** Bevor Sie das tun, sollten Sie folgende Punkte beachten.

Finanzielles

Sie können **Hartz-IV-Leistungen** nach dem Sozialgesetzbuch II beantragen, wenn die Abbruchentscheidung für Sie definitiv feststeht. Dazu müssen Sie sich bei Ihrer örtlichen Arbeitsagentur als arbeitssuchend melden und einen Antrag stellen. Dort wird man den Nachweis der Exmatrikulation verlangen, was Sie abwägen müssen gegenüber den Vorteilen einer vorrübergehend weiterbestehenden Einschreibung.

Ihre Eltern haben Anspruch auf **Kindergeld** bis zu Ihrem 25. Lebensjahr, wenn Sie studieren (eingeschrieben sind) oder in einer Ausbildung sind. Nach einer Exmatrikulation kann auch über das 25. Lebensjahr hinaus weiter Kindergeld bezahlt werden, wenn Sie belegen können, dass Sie sich um eine Ausbildung bemühen.

Wenn Sie noch in der gesetzlichen Krankenkasse Ihrer Eltern mitversichert sind, kann diese **Krankenversicherung** weiterlaufen, solange Sie eingeschrieben sind und zwei weitere Bedingungen erfüllt sind: [1] Sie sind nicht älter als 25 Jahre und [2] Sie dürfen nur ein Einkommen von maximal 415 Euro haben (Stand 2016, BAföG gilt nicht als Einkommen; bei einem sog. **Minijob** dürfen es 450 Euro sein). Bei der Altersgrenze gibt es eine Verlängerungsmöglichkeit, wenn Sie einen Dienst geleistet haben – die Krankenkasse gibt Auskunft.

> ▶ *Achtung*
>
> Wenn Sie nicht studieren (also sich exmatrikulieren) und nicht erwerbstätig sind, gilt eine niedrigere Altersgrenze von 23 Jahren!

Nutzen Sie die Übergangszeit

In der Hochschule

Bevor Sie sich exmatrikulieren, können Sie davon profitieren, dass Sie als Immatrikulierter in der Hochschule (kostenlos) weitere Kompetenzen erwerben können, für die sich die Berufswelt interessieren könnte:

- Hochschulen bieten Kurse in **Fremdsprachen** an, die allen Immatrikulierten offenstehen. Anbieter sind meistens die geisteswissenschaftlichen Fachbereiche. Wenn Sie die Kurse im Vorlesungsverzeichnis nicht finden können, fragen Sie Ihre Zentrale Studienberatung.

- Ebenfalls für Immatrikulierte aller Fachrichtungen gibt es ein breites Angebot an **IT-Kursen**. Es reicht von Office-Anwendungen über Multimedia, Programmiersprachen und Datenbanken bis zu Statistikprogrammen und Mathematischen Anwendungen. Einiges davon ist in jeder Berufspraxis nachgefragt.
- Viele Hochschulen bieten im Rahmen von **Schreibwerkstätten** Grundlagen der PR-Kommunikation und des journalistischen Schreibens an. Oft gibt es auch Angebote im kreativen Schreiben, aber hierbei müssen Sie selbst entscheiden, ob Sie dafür in Ihrem Fall eine berufliche Verwendung erkennen können.
- Suchen Sie nach einzelnen **praxisrelevanten Lehrveranstaltungen**, vielleicht auch in dem Wahlfach oder Nebenfach, das Sie sowieso immer viel mehr interessiert hat. Der Spielraum auch über Fachgrenzen hinweg ist in Bachelorstudiengängen besonders in dem fachübergreifenden Studium Integrale groß. Schlüsselqualifikationen stehen hier auf dem Lehrplan.
- Eventuell gibt es an Ihrer Hochschule auch die Möglichkeit, einzelne **Lehrveranstaltungen aus anderen Studiengängen oder Fakultäten** zu besuchen. Ausschlaggebend ist in der Regel das Einverständnis des Dozenten und die Frage, ob er Ihnen am Ende nach bestandener Klausur in irgendeiner Form (wenn nötig formlos) einen Nachweis ausstellt.
- Der Career-Service Ihrer Hochschule wird für Immatrikulierte Beratungen und **Seminare im Bereich Bewerben** und zu beruflich relevanten **sozialen Kompetenzen (Soft Skills)** anbieten: Kommunikationstraining, Bewerbungstraining, Strategieberatung, Bewerbungsmappen-Check und vieles mehr. An vielen Hochschulen gibt es auch schon Beratungsangebote für Hochschulaussteiger. Andernfalls müssen Sie ja nicht unbedingt mit der Tür ins Haus fallen

und als erstes darauf hinweisen, dass Sie noch vor dem Abschluss aus dem Studium aussteigen wollen.

Im richtigen (Berufs-)Leben

Solange Sie noch eingeschrieben sind, bekommen Sie leichter Praktikumsstellen. Viele Praktika werden explizit nur an Studierende vergeben und Sie müssen eine Studienbescheinigung vorlegen. Das Gleiche gilt für Nebenjobs, da die Arbeitgeber weniger Komplikationen wegen der Kündigungsschutzgesetze und tariflichen Bestimmungen befürchten, insofern für studentische Aushilfen harmlosere arbeitsrechtliche Bestimmungen gelten. Neben der rein finanziellen Notwendigkeit, mit einem Nebenjob seine Brötchen zu verdienen, ist dieser Vorteil von Immatrikulierten bei der Vergabe von Praktikumsstellen und Nebenjobs in zwei Hinsichten nützlich.

Tipp

- Gutes Zeugnis mitnehmen: Nach einem Praktikum oder einem Nebenjob können Sie sich eine Bescheinigung oder ein Arbeitszeugnis ausstellen lassen, mit dem Sie später belegen können, über welche Erfahrungen und Qualifikationen Sie verfügen.
- Kontaktpflege für die Jobsuche: Ein großer Teil der Jobs wird über persönliche Kontakte vergeben. Auch Ausbildungsplätze bekommt man leichter, wenn man in dem Unternehmen oder der Einrichtung schon bekannt ist.

Auch wenn es Ihnen schwerfällt, auf andere zuzugehen, ist es in der Hochschule in Seminaren und Übungen leicht, Kontakt zu Mitstudierenden zu finden. Wenn es um Kontakte zur Berufswelt geht, sieht das anders aus. Die Angst vor neuen sozialen Kontakten ist hier ein Handicap. Bei der Jobsuche ist entscheidend, ob Sie in der Lage sind, Menschen aktiv anzusprechen. Wenn Sie in einem Praktikum oder studentischen Nebenjob einen positiven Eindruck hinterlassen haben und irgendwo in guter Erinnerung geblieben sind, sollten Sie auch kein Problem damit haben, diese Kontakte zu nutzen, wenn es um einen Ausbildungsplatz oder einen längerfristigen Job geht.

7 Sie haben immer eine Wahl

Wenn Sie Ihr Studium auf den Prüfstand gestellt und alle drei möglichen Lösungen für sich durchgespielt haben, dann bleibt nur noch eins zu tun: Sie müssen sich entscheiden. Wenn Ihnen das schwerfällt, dann denken Sie daran, dass auch Ihre jetzige Situation auf Ihrer Wahl beruht. Alles beruht auf Entscheidungen: Ihr Studiengang, Ihr Studienort, Ihre Lernumgebung, Ihr Arbeitseinsatz, Ihre Art Ordnung zu halten, Ihre Kontakte – alles hätten Sie so oder auch anders festlegen können. Nichts davon sind **Umstände**, die Sie nicht ändern könnten. Sie haben sich Ihr Studium und die Umstände ausgesucht und Sie müssen nun auch entscheiden, ob Sie bei dieser Entscheidung bleiben wollen.

7.1 Was ist Ihnen wichtig?

Bei der Entscheidung für eine der drei Lösungen der Studienkrise kann vieles eine Rolle spielen, aber letztlich werden nur ein oder zwei Gründe den Ausschlag geben. Wenn Sie wissen wollen, welche das sind, sollten Sie sich über Ihr persönliches Wertesystem im Klaren werden. Diese Wertvorstellungen bestimmen, was Sie bei Ihrer Zukunftsplanung als wichtiger oder unwichtiger einstufen. Dieses Wertesystem ist uns nicht so im Bewusstsein wie unser Kontostand oder welche Jeansmarke wir gut finden. Es ist eher etwas, über das manche Menschen leider gar nicht, andere nur gelegentlich nachdenken. Aber da Sie in der Situation sind, in Ihrem Leben etwas Wesentliches ändern zu müssen, sollten Sie sich die Frage stellen „Was ist mir eigentlich wirklich wichtig?" Bei der Studien- und Berufswahl spielen vor allem zwei Wertedimensionen eine Rolle und es wird sich für Sie lohnen, in einer **ruhigen Minute** über beide nachzudenken.

Freiheit oder Sicherheit

Kulturwissenschaften weiterstudieren oder ein Lehramtsstudium, weil man da weiß, was man hat? Das Jurastudium beenden oder zur Architektur wechseln? BWL oder lieber etwas mit Sprachen? Der Idealfall ist ein Studien- und Berufsweg, der in beiden Hinsichten ein Optimum bietet. Auf der einen Seite steht die Freiheit, sich selbst zu verwirklichen und zu tun, was Ihnen eine Herzensangelegenheit ist. Das berühmte „Sein Hobby zum Beruf machen" kommt dem nahe. Auf der anderen Seite steht der Aspekt der beruflichen Sicherheit und Planbarkeit, beispielsweise eine Studienwahl, die mit hoher Wahrscheinlichkeit in einen gut bezahlten Beruf führt, in dem in den nächsten 30 Jahren keine Kündigung droht. Wenn die reine Neigungswahl auch noch ein hohes Maß an beruflicher und finanzieller Sicherheit bietet, ist dieser Idealfall gegeben. Im richtigen Leben geht es leider selten so ideal zu.

Bei beiden Werten macht es keinen Sinn, sie einseitig zu betrachten. Je einen Wert für sich auf die Spitze zu treiben und den anderen zu ignorieren, führt geradewegs zur Mythenbildung. Das heißt mit anderen Worten: Die Gefahr ist groß, sich etwas vorzumachen. Im Falle der Sicherheit sieht der Mythos etwa so aus: „Studier etwas Solides, ein Lehramtsstudium zum Beispiel. Da wirst du Beamter, hast finanzielle Sicherheit und kannst Wohnung, Urlaub, Familie … bezahlen und musst dir keine Sorgen machen." Dieser Mythos hat Hochkonjunktur in Zeiten, in denen täglich die Medien von Wirtschaftskrisen und Arbeitslosigkeit in diversen europäischen Ländern berichten. Aber wenn das so einfach wäre, warum haben Sie dann in der Schule viele frustrierte Lehrer kennengelernt? Die als Sicherheit verstandene Planbarkeit verwandelt sich schnell in die Sicherheit, im nächsten Jahr immer noch eine ungeliebte Arbeit tun zu müssen.

Auch der Wert Freiheit ist verführerisch. Auch dieser Mythos ist verbreitet: „Wenn ich mein Ding mache, werde ich glücklich sein. Irgendwie werde ich schon durchkommen. Materielles ist nicht wichtig, Hauptsache, ich mache das, was mir persönlich wichtig ist.“ Das Freischaffende in kreativen Berufen und im Medienbereich oft nicht wissen, wovon sie die Miete bezahlen sollen, wird von den Betreffenden als Preis der Freiheit akzeptiert – wenn sie jung sind. Ob sie das mit 30 oder 35 allerdings immer noch wollen, ist fraglich. Das Bedürfnis nach materieller Sicherheit, sagen Psychologen, steigt mit zunehmendem Alter deutlich an.

Wissen oder Können

Das zweite Wertepaar ist ebenfalls zur Mythenbildung hervorragend geeignet. Der Mythos zum Thema Wissen sieht dann so aus: „Wer viel weiß, kann viel. Wenn eine Hochschule ein Studium anbietet, wird es schon zu irgendetwas gut sein. Wenn ich mit dem Bachelorabschluss Probleme habe, einen Job zu bekommen, dann mache ich noch einen Master.“ Dieser Mythos beruht auf der in Deutschland verbreiteten Wissenschaftsgläubigkeit. Sie führt zu der Faustformel „Je mehr Fachqualifikation, desto besser.“ In vielen Studienfächern, in denen heute 90 Prozent der Absolventen nicht die Wissenschaftlerlaufbahn einschlagen können oder wollen, ist diese Faustformel ein gefährlicher Irrtum. Für Absolventen beispielsweise der Geistes- und Kulturwissenschaften, Sozialwissenschaften, Kommunikationswissenschaften oder Medienwissenschaften ist es geradezu der Normalfall, nicht in der Wissenschaft, sondern in der Wirtschaft, den Medien oder in der öffentlichen Verwaltung auf Stellensuche zu gehen. Nur dort, wo die Fachqualifikation vom Arbeitsmarkt nachgefragt ist (Naturwissenschaftler, Ingenieure etc.), geht die Faustformel heute noch auf. Wenn Sie aber eine Berufstätigkeit in der Forschung gar nicht als Fernziel anstreben, kann die

Verlängerung eines Studiums in Master- und Promotionsstudiengängen die Chancen auf dem (nichtwissenschaftlichen) Arbeitsmarkt sogar verschlechtern. Längst nicht alle Studiengänge haben das erklärte Ziel, Ihnen die konkreten berufspraktischen Qualifikationen zu vermitteln, die in der technisierten und kommerzialisierten Berufswelt erforderlich sind.

Gefördert wird dieser Mythos vom hohen Wert des Fachwissens auch durch das verbreitete Argument von der geringen Akademikerarbeitslosigkeit. Zwar sind Akademiker seltener von Arbeitslosigkeit betroffen, aber tatsächlich üben viele dieser berufstätigen Akademiker einen Beruf aus, bei dem das erworbene Fachwissen keine oder nur eine geringe Rolle spielt. Verlassen Sie sich nicht darauf, dass die Hochschule Ihnen stets das beibringt, was der Arbeitsmarkt erwartet. Besser ist es, Sie befassen sich frühzeitig mit der Frage, wer sich außerhalb der Hochschule für das interessiert, was Sie da lernen.

Wenn Sie nun in einem Entscheidungskonflikt sind, sollten Sie berücksichtigen, dass es nicht nur eine, sondern zwei Arten von Sicherheit gibt. Bei der extrinsischen Sicherheit orientieren Sie sich nach außen: Die Quelle der Sicherheit ist der potenzielle Arbeitgeber. Sie wählen einen soliden Studien- und Berufsweg, der Sie mit hoher Wahrscheinlichkeit in eine mittelmäßig bis gut bezahlte Stelle am besten im öffentlichen Dienst bringt. Ihre Auswahl richten Sie primär danach aus, mit welcher Wahrscheinlichkeit ein solcher Arbeitgeber Sie nach dem Studien- oder Ausbildungsabschluss einstellen wird. Bei der intrinsischen Sicherheit orientieren Sie sich an sich selbst. Sie wählen Ihren Studien- oder Berufsweg danach aus, ob Sie damit eine gefragte Qualifikation erwerben, für die Sie stets jemanden finden, der Sie für diese Fähigkeiten bezahlt. Die Sicherheit beruht in diesem Falle auf Ihren Fähigkeiten. Sie verlassen sich im ersten Fall primär auf andere (den sicheren Arbeitgeber) und im zweiten Fall primär auf sich selbst (Ihre Fähigkeiten). **Sie haben die Wahl**.

Wenn Sie sich über Ihre Präferenzen erst einmal im Klaren sind, dann bleiben Sie dabei und lassen sich nicht beirren. Nur Sie können einschätzen, welcher der Werte für Sie eine große Rolle spielt und welcher nicht. Die Verantwortung für die Lösung Ihrer Studienkrise liegt bei Ihnen. Lassen Sie nicht zu, dass andere Ihnen die Entscheidung abnehmen. Ignorieren Sie ungebetene Ratschläge. Wer Ihnen wirklich helfen will, sagt Ihnen nicht, was Sie tun sollen, sondern welche Vor- und Nachteile eine Option hat, damit Sie selbst entscheiden können. Ignorieren Sie die allgegenwärtigen Tipps von Bekannten, Zeitschriften, Fernsehen, Internetartikeln, Internetforen usw. Wir leben in einer Welt, in der es für alles Ratgeber und Tipps gibt, von Gesundheit bis Partnerwahl. Wenn Sie sich eine Weile mit Ihrer Studiensituation aktiv beschäftigt haben, sind Sie ein besserer Experte für Ihr Problem als alle wohlmeinenden Tippgeber.

Wie Sie auch entscheiden, alle Risiken können Sie nicht ausschließen. Sie haben sich in die jetzige schwierige Lage gebracht und Sie haben es in der Hand, sich aus dieser Lage wieder herauszubringen. Alles was Sie dafür brauchen, ist, den Gedanken zu akzeptieren, dass Sie eine Wahl treffen müssen und bereit sein müssen, mit den Konsequenzen zu leben. Jede der drei Lösungen erfordert die Bereitschaft, Mühe und Arbeit zu investieren. Sie wollen Ihr Studium wieder in den Griff bekommen? Tun Sie etwas dafür und lernen Sie, fürs Studium zu arbeiten. Sie wollen wieder das Gefühl haben, beim Lernen die Zeit zu vergessen? Suchen Sie sich das Studium, das Ihnen dieses Gefühl gibt, und wenn Sie dafür an eine Hochschule in der langweiligsten Stadt Deutschlands gehen müssen. Sie haben es satt, auf der Stelle zu treten? Suchen Sie sich eine Ausbildung oder machen Sie Ihre eigene Firma auf. Genauso, wie Sie sich Ihre jetzige Lage selbst ausgesucht haben, so können Sie auch dafür sorgen, morgen in einer besseren Lage zu sein.

7.2 Selbstvertrauen wiederfinden

Eine gute Wahl treffen ist eine Sache, sie in die Tat umsetzen eine andere. Keine der drei Lösungen hat Ihnen einen bequemen Weg angeboten. In jedem Fall werden Sie bei der Umsetzung eine Menge Energie und Zuversicht brauchen. Genau das ist wahrscheinlich in einer solchen Situation das Problem. Eine Studienkrise kratzt immer am Selbstvertrauen, bei manchen mehr und bei anderen weniger. Das kommt darauf an, wie lange Sie schon Probleme mit Ihrem Studium haben und die Entscheidung vor sich herschieben. Wenn wir über eine längere Zeit an einer Herausforderung scheitern, setzt das unserem Selbstvertrauen arg zu und unser Optimismus leidet. Daher wäre nun eigentlich der Ratschlag fällig, dass Sie sich mit neuem Selbstvertrauen auf den neuen, korrigierten Lernweg machen sollten. Aber geht das? Kann man sich vornehmen, Selbstvertrauen zu haben oder zu trainieren?

Leider nein. Für Selbstvertrauen gibt es kein Rezept und keinen Trick. Wer vor einer Herausforderung steht, hat Selbstvertrauen oder er hat es nicht. Wenn es vorhanden ist, nehmen Sie es irgendwann (vielleicht überrascht) an sich wahr. Wenn nicht, kann man es nicht kurzfristig erwerben, so wie man Benzin für ein Auto besorgt. Zwar gibt es Menschen, die grundsätzlich und zu jeder Zeit über ein höheres Level an Selbstvertrauen verfügen (die chronischen Optimisten). Solche Menschen wirft so schnell nichts aus der Bahn. Aber auch bei diesen Menschen wächst das Selbstvertrauen zusätzlich, wenn sie Erfolg haben, und es sinkt, wenn sie Misserfolge erleben.

Hier geht es also um Selbstvertrauen (oder Zuversicht) als Glaube an die eigenen Fähigkeiten und Selbstvertrauen bei der Bewältigung einer Aufgabe. So wie Zufriedenheit oder Sympathie ist Selbstvertrauen ein Zustand, der sich einstellt, wenn bestimmte Bedingungen erfüllt sind.

- Es handelt sich um eine selbstgewählte Aufgabe, die auf Ihrer freien Entscheidung und nicht auf Zwang von außen beruht. Nicht ein Druck durch Eltern, Geldnot, Angst vor Risiken oder der Wunsch nach sozialem Ansehen ist ausschlaggebend, sondern Sie selbst treffen eine freie Wahl. Sie selbst übernehmen für diese Wahl die Verantwortung und sind bereit, mit den Folgen zu leben.
- Die Aufgabe entspricht Ihren Neigungen und Interessen. Sie stehen inhaltlich hinter dem, was Sie tun. Sie gehen in der Arbeit auf. Wer diesen Flow nie, nicht einmal gelegentlich, erlebt hat, hat kein Interesse an seiner Arbeit.
- Die Aufgabe steht in angemessener Relation zu Ihren Fähigkeiten: Sie stellt keine Unterforderung und keine Überforderung dar. Sie löst positiven Stress (das Erfolgserlebnis einer bewältigten Aufgabe), aber keinen krankmachenden Stress (das Gefühl, in einer aussichtlosen Lage zu sein) aus.

Wählen Sie die Lösung, die hinsichtlich aller drei Bedingungen das Optimum verbindet. Wählen Sie keinen Kompromiss, der Ihnen das Gefühl gibt, eine der drei Bedingungen völlig vernachlässigt zu haben. Sie werden feststellen, wie sich nach den ersten Schritten das Selbstvertrauen einstellt, das Sie zum entschlossenen Handeln brauchen.

Gut für Ihr Selbstvertrauen wird sein, wenn Sie die verbreitete Verwechslung von Risiko und Gefahr vermeiden. Eine persönliche Aufgabe wie ein Studium oder eine Ausbildung geht nicht ohne Risiko, aber gefährlich ist sie nicht. Das Risiko besteht darin, nicht am Ziel anzukommen und auf halber Strecke die Richtung ändern zu müssen. Aber Gefahren sind etwas ganz anderes, sie bedrohen unsere Gesundheit oder unsere (soziale) Existenz. Davon kann keine Rede sein, auch nicht, wenn Sie sich für den Ausstieg aus der Hochschule entscheiden. Vielleicht haben Sie ohne Abschluss irgendwann in der Zukunft einen interessanteren und herausfordernden Job als viele Hochschulabsolventen, die sich erst um Berufserfahrung kümmern, wenn viele Züge schon den Bahnhof verlassen haben. Vielleicht verdienen Sie ohne Abschluss mehr als mit. Das ist bei den Einkommenserwartungen vieler geistes- und sozialwissenschaftlicher Absolventen durchaus möglich. Angst oder Skepsis wären angebracht, wenn ein Studienabbruch mit handfesten Gefahren verbunden wäre. Tatsächlich birgt er nur das Risiko, einiges gelernt zu haben, was für das neue Ziel und die neue angestrebte Qualifikation nicht relevant ist. Ist das wirklich schlimm?

Um Risiken abschätzen zu können, werden bei der Studien- und Berufswahl gerne statistisch untermauerte Prognosen herangezogen. Wie viel Prozent der Studierenden fallen durch die Mathematik-Klausur? Wie viel Prozent der Studierenden bleiben in der Regelstudienzeit? Wie viel Prozent der Studierenden brechen ihr Studium ab? Und wie viel Prozent der Studierenden haben drei oder sechs Monate nach dem Abschluss einen festen Job? Diese prognostische Auslegung von Statistiken zur Kalkulation des Risikos, das man eingeht, hat einen heimtückischen Mangel: Eine Statistik sagt nur etwas über das Risiko eines Durchschnittsfalles. Aber die Wahrscheinlichkeit, dass Sie genau ein Durchschnittsfall sind, ist klein. Ihr tatsächlicher bisheriger Lebensweg enthält viele Ereignisse, die in keiner Statistik berücksichtigt sind. Die Statistik kennt Sie als Einzelfall gar nicht. Sie kennt nur grobe Fallgruppen. **Ihre persönliche Chance kann besser oder schlechter sein**, als die Statistik vorhersagt. In der Konsequenz heißt das: Es gibt keine Statistik, die genau auf Sie zugeschnitten wäre und eine Prognose über Ihre persönliche Zukunft enthält. Es war die erklärte Absicht dieses Ratgebers, Ihnen zu zeigen, wie Sie dafür sorgen, dass Ihre Chance besser ist als die durchschnittliche.

Beide Fehlschlüsse, die Verwechslung von Risiko mit Gefahr und von Statistik mit persönlicher Prognose, halten Sie nur unnötig von entschiedenem Handeln ab. Sie haben es in der Hand, beide zu vermeiden, wenn Sie eine klare Wahl treffen und den Aufwand, den Sie sich damit einhandeln (Anstrengung, Arbeit und ein wenig positiven Stress) akzeptieren.

In jeder Krise steckt eine Chance. Dieser Spruch ist in Mode gekommen. Ist das nur Gerede der kommerziellen Psycho-Reparaturbranche oder ist etwas dran? Die Schwierigkeiten in der Hochschule werden nicht Ihre letzte Krise sein: Vielleicht machen Sie Ihren Studienabschluss und landen in einem Job, der Sie völlig überfordert oder unterfordert und müssen sich einen neuen Job suchen. Vielleicht machen Sie sich selbständig und gehen Pleite und müssen mit einer neuen Geschäftsidee einen Neuanfang machen. Vieles kann schiefgehen und so müssen Sie immer darauf gefasst sein, dass Sie sich dem anpassen und Ihre Pläne korrigieren müssen. Ihre Studienkrise gibt Ihnen die Chance, das Selbstvertrauen zu entwickeln, mit dem Sie in der Lage sind, das Beste aus **jeder** zukünftigen schwierigen Situation zu machen.

Gute Lösungen sind einfache Lösungen. Der Ökonom John Maynard Keynes sagte einmal: „Wenn sich die Fakten ändern, dann überlege ich es mir anders.“ Genau das sollten Sie tun: Ziehen Sie Konsequenzen aus der geänderten Faktenlage. Ihr Studium läuft schlechter als geplant und Sie müssen es sich anders überlegen. Deswegen war aber nicht Ihre Studienwahl ein Fehler, sondern die Umstände haben sich geändert. Beseitigen Sie das Grundübel, aber nicht mehr. Wenn an einem Auto die Bremsen kaputt sind, repariert man nicht die Lichtmaschine, sondern die Bremsen. Wenn Ihr Problem Ihre Selbstkontrolle ist, sollten Sie nicht Ihrem Studium die Schuld geben und es hinschmeißen oder das Fach wechseln. Wenn Ihr Studium Sie zu Tode langweilt, hilft kein Kompromiss, sondern nur ein Wechsel. Wenn sich der Stillstand im Studium nicht beseitigen lässt, bleibt nur die Alternative im Berufsleben. So einfach ist das, wenn man die Fakten berücksichtigt.

8 Literatur

Baumeister, Roy F.: Self-control – the moral muscle, The Psychologist 25/2 2012, S. 112–115.

Bundesagentur für Arbeit (Hrsg.): Beruf aktuell, Lexikon der Ausbildungsberufe, Ausgabe 2013/14, als Broschüre in den Berufsinformationszentren der Arbeitsagentur erhältlich, im Internet unter http://www.arbeitsagentur.de/zentraler-Content/Veroeffentlichungen/Ausbildung/Lexikon-Ausbi dungsbe rufe.pdf

Carmon, Ziv/Ariely, Dan: How Value Can Appear So Different to Buyers and Sellers. Journal of Consumer Research (Vol. 27) 2000, S. 360–370

Csikszentmihalyi, Mihaly: Kreativität, Stuttgart 1997.

Dörner, Dietrich: Die Logik des Mißlingens, Reinbek bei Hamburg 1989.

Gigerenzer, Gerd: Bauchentscheidungen, München 2008.

HIS Hochschul-Informations-System: Beratung von Bachelorstudierenden in Studium und Alltag, Hannover 3/2013.

HIS Hochschul-Informations-System: Die Entwicklung der Schwund- und Studienabbruchquoten an den deutschen Hochschulen, Hannover 3/2012.

HIS Hochschul-Informations-System: Ursachen des Studienabbruchs in Bachelor- und in herkömmlichen Studiengängen, Hannover 2/2010.

Hüther, Gerald: Bedienungsanleitung für ein menschliches Gehirn, Göttingen 2013.

Kahneman, Daniel: Schnelles Denken, langsames Denken, München 2012.

Walther, Holger: Ohne Prüfungsangst studieren. Konstanz und München 2012

Stichwortverzeichnis